1961

1961

1928

Konsequenz Abriss

Das (un)vermeidbare Ende des Kaufhauses Schocken von Erich Mendelsohn in Stuttgart

Veröffentlichungen des Archivs der Stadt Stuttgart Band 90

Herausgegeben von Roland Müller

Petra Ralle

Konsequenz Abriss

Das (un)vermeidbare Ende des Kaufhauses Schocken von Erich Mendelsohn in Stuttgart

Hohenheim

Die Bezeichnungen Horten und Merkur erscheinen in der Arbeit so, wie sie in den Quellen benutzt wurden. Der Namenswechsel ergab sich aus Änderungen im Konzern.

Die Deutsche Bibliothek – CIP-Einheitsaufnahme
Ein Titeldatensatz für diese Publikation ist bei Der Deutschen Bibliothek erhältlich

Kommissionsverlag:
Hohenheim Verlag GmbH, Stuttgart – Leipzig

Gesamtherstellung:
Offizin Chr. Scheufele, Stuttgart

ISBN 3-89850-974-5

Das, was wir bauen, erhebt gar nicht den Anspruch, altern zu wollen oder Patina anzusetzen, es verschleißt wie ein Automobil, es wird benutzt und nach gar nicht so vielen Jahren – zumindest nicht so viel Jahren wie früher – verschwindet es wieder.

Egon Eiermann, 1951 über seinen Warenhausbau in Heilbronn, der 1968 abgerissen wurde

Inhalt

Anhang

Vorwort des Herausgebers

Das Kaufhaus Schocken ist neben dem Kronprinzenpalais für viele Bürgerinnen und Bürger das Symbol der städtebaulichen Entwicklung Stuttgarts seit 1945 schlechthin. Der Abriss dieser beiden Bauwerke löst bis heute Emotionen aus. Zu dieser herausgehobenen Bedeutung in der Rezeptionsgeschichte hat wohl nicht zuletzt der späte Zeitpunkt der Zerstörung der vorhandenen Bausubstanz maßgeblich beigetragen.
Mögen für den Nicht-Wiederaufbau bis in die 1950er Jahre hinein aktuelle Notlagen und Sachzwänge, bei einigen Architekten wie zum Beispiel Richard Döcker auch Prinzipien eines bewussten Neubeginnens geltend gemacht worden sein, so verfingen diese Argumente in einer Zeit des Wirtschaftswunders nicht (mehr). Dass unterschiedslos Zeugnisse verschiedener Epochen der Stadtbaugeschichte – vom Alten Steinhaus bis eben zum Schockenbau als einer Ikone des modernen Bauens – abgerissen oder trotz respektabler Substanz nicht wieder aufgebaut wurden, ist ein Beleg dafür, dass es sich in Stuttgart offenkundig um eine grundsätzliche Richtungsentscheidung handelte.
Das Postulat von der »autogerechten Stadt« beschreibt diese Auseinandersetzung zutreffend, gleichwohl nicht vollständig. Dafür ist gerade das Schicksal des Kaufhauses Schocken ein geeignetes Beispiel. Denn der Verkehrsdurchbruch der Eberhard-/Torstraße betraf das Kaufhaus nur mittelbar und lieferte, wiewohl als Argument natürlich präsent, jedenfalls keine ausreichende Begründung für einen Abriss dieses Gebäudes.
Über ein Jahrzehnt währte die Diskussion um den seit seiner Entstehung berühmten Bau von Erich Mendelsohn. Vor allem in der heißen Phase der Jahre 1958/59 schlugen die Wellen hoch. Architekten aus aller Welt schauten auf Stuttgart. Mit anderen intervenierten Walter Gropius und Mies van der Rohe bei jener Stadt, die sich in der Weimarer Zeit als Zentrum moderner Architektur profiliert hatte: Stuttgart hatte 1927 die Werkbund-Ausstellung »Die Wohnung« ermöglicht und sich mit der Weißenhof-Siedlung große Anerkennung verschafft. Der Tagblatt-Turm Oßwalds war 1928 gefolgt, im selben Jahr noch Mendelsohns fulminanter Bau an der Eberhard-Straße. Die Proteste waren bekanntlich vergebens.

Während Regina Stephan in einer ausgezeichneten Dissertation die Kaufhausbauten Erich Mendelsohns, also auch den Stuttgarter Bau, untersucht hat und eine weitere Monographie von Renate Palmer zum Kaufhaus Schocken vorliegt, hat sich Petra Ralle den Gründen für den Abriss zugewandt. Das ist kein leichtes Unterfangen. Denn es gilt, einen komplexen Zusammenhang mit Widersprüchen und Inkongruenzen zu analysieren. Zwar sind die Exponenten der Stuttgarter Entwicklung hinlänglich bekannt; schlichte personale Schuldzuweisungen greifen dennoch nicht. Und trotz der Fülle von Quellen insbesondere im Stadtarchiv sowie der Zeugnisse im Nachlass Eiermann müssen Fragen offen bleiben.
Petra Ralle hat sich in ihrer Diplomarbeit im Fachbereich Architektur auf das Feld der allgemeinen und der politischen Geschichte begeben und die Auseinandersetzungen erstmals systematisch unter die Lupe genommen. Dabei verleugnet sie gleichwohl ihren persönlichen Blick nicht. Ich danke Frau Ralle, dass sie die Veröffentlichung dem Stadtarchiv anvertraut und an der Drucklegung intensiv Anteil genommen hat, die in bewährter Weise von meinem Kollegen Heinz H. Poker betreut wurde.
Die vorliegende Arbeit ergänzt die Stadtbaugeschichte Stuttgarts um einen weiteren Baustein. Ich freue mich, dass das Stadtarchiv zum Auftakt des Jubiläums der Weißenhof-Siedlung diesen Band der Öffentlichkeit vorlegen kann. Sie setzt die lange Reihe von Publikationen zu diesem Themenbereich fort, in der zuletzt die viel beachteten Arbeiten von Christine Breig über den Stuttgarter Villen- und Landhausbau sowie von Stefanie Plarre über die Kochenhof-Siedlung erschienen sind. Gerade auf dem Felde des Bauens wird deutlich, wie sehr historische Entwicklungen das Leben in Gegenwart und Zukunft beeinflussen, ja prägen können. Um so mehr müssen wir uns mit dieser, mit unserer Geschichte auseinandersetzen.

Stuttgart, im Januar 2002 — Roland Müller

Vorwort der Autorin

Das vorliegende Buch entstand aus der Diplomarbeit als Abschluss meines Architekturstudiums an der Universität Stuttgart im Frühjahr 2001. Ergänzt wird der Text durch eine Abhandlung über die Diskussion in der tagesaktuellen Presse 1959 und 1960.
Die Bearbeitung dieses Themas hat mich weiter fasziniert, je mehr Details ich entdecken konnte. Es war spannend, auch enervierend und immer eine Zeitreise, die manchmal gar nicht so weit zurück gehen musste.
Es freut mich, dass die Frage nach den Gründen für den Abriss des Kaufhauses nicht ein verstaubtes Aktenthema ist, sondern immer noch auf großes Interesse trifft, wie ich bei meinem Vortrag im Hegelhaus direkt gegenüber des ehemaligen Standortes des Schocken erfahren durfte. Ganz besonders möchte ich Herrn Dr. Roland Müller danken, der mir hier wie dort die Möglichkeit gab, die Ergebnisse meiner Arbeit der Öffentlichkeit vorzustellen.
Mein Dank gilt auch Frau Dr. Regina Stephan, die in mir die Begeisterung für Erich Mendelsohn und die Beschäftigung mit Architekturtheorie geweckt hat. Sie betreute den Fortgang der Arbeit mit großem Interesse und hilfreichen Anregungen.
Herr Professor Dieter Kimpel gab mir die Möglichkeit, diese Arbeit an seinem Lehrstuhl für Architekturgeschichte an der Universität Stuttgart prüfen zulassen. Hierfür danke ich ihm, ebenso wie Herrn Professor Wolfgang Schwinge vom Institut der Grundlagen moderner Architektur, der sich als Co-Prüfer zur Verfügung stellte.
Ich danke auch den Mitarbeitern der Archive – Stadtarchiv Stuttgart, Süddeutsches Archiv für Architektur und Ingenieurbau, Regierungspräsidium Stuttgart –, die mich bei meiner Recherche unterstützten, vor allem Herrn Heinz Poker vom Stadtarchiv Stuttgart, der die Überarbeitung der Arbeit für das Buch betreute.
Und natürlich gilt mein Dank all meinen Gesprächspartnern, die ich zu diesem Thema befragte, insbesondere Max Bächer und Arno Lederer.
Am Schluss, aber nicht zuletzt, bedanke ich mich ganz herzlich bei meinen unermüdlichen Korrekturlesern, Frau Dr. Gertraude Ralle, und Wolfram Bohnenberger, die mit mir immer wieder diskutierten und mir unendlich hilfreich waren.

Stuttgart, im Januar 2002 — Petra Ralle

Einleitung

Kann man eine Diplomarbeit zum Thema Kaufhaus Schocken in Stuttgart schreiben?

Meist erntete ich Erstaunen, wenn ich meine Absicht laut werden ließ, mich mit dem Stuttgarter Schocken zu beschäftigen. Über dieses Gebäude sei doch wahrhaftig alles gesagt. Mich interessierten die Gründe, die zum Abriss dieses Kulturdenkmals führten, denn ich hatte mich während meines Studiums viel mit dem Architekten des Schocken, Erich Mendelsohn, befasst. Seine Baukunst faszinierte mich. Es stimmte mich nachdenklich, dass so viele seiner Gebäude den Krieg nicht überstanden hatten oder lieblos, wenn nicht gar unsensibel, renoviert worden waren.
Einen zweiten Impuls gaben mir Briefe von Egon Eiermann, dem Architekten des Neubaus und der Umbauplanungen. Er äußerte sich zu allem so heftig, so radikal, dass ich wissen wollte, welche Rolle er in der Diskussion um den Mendelsohn-Bau spielte.

Ich begann also nach den Gründen für den Abriss des berühmten Kaufhauses zu suchen. War es der alleinige Wunsch der städtischen Planer und, wenn ja, warum? Ging es »nur« um die Verkehrsplanung? War Helmut Horten – ab 1953 der Besitzer – möglicherweise derjenige, der den Bau nicht mehr wollte? Spielte gar Antisemitismus eine Rolle? Wollte man das Bauwerk eines jüdischen Architekten nicht mehr?
Ich hatte also reichlich Fragen, auf die ich eine Antwort finden wollte.
Über einen Zeitungsartikel suchte ich Zeitzeugen, die sich an die Diskussion um die Entscheidung 1959, die zum Abriss führte, erinnerten. In vielen Gesprächen traf ich auf lebhafte Erinnerungen an den Schocken. Für die einen war es das »einzigartige Einkaufsparadies« – es entstand als erstes Kaufhaus in Stuttgart überhaupt –, die anderen beschrieben den großen Treppenhausturm, der das Gebäude in charakteristischer Weise prägte. Auch Nicht-Architekten erwähnten immer zuerst das Bauwerk,

und erst an zweiter Stelle schilderten sie das Kauferlebnis, wie es bei Salman Schocken auch weniger begüterten Bevölkerungsschichten offen stand. Von Fachleuten hörte ich: »Der Abriss, reines Banausentum!«

Um mir ein wirkliches Bild machen zu können, musste ich die Zeit begreifen, in der eine solche Entscheidung gefallen war, musste verstehen, was in dieser Zeit in Stuttgart geplant und gebaut wurde. Ich habe für diese Arbeit 350 Schreiben, Vorträge, Sitzungsprotokolle sowohl des Gemeinderats als auch der Technischen Ausschüsse sowie Aktenvermerke und Briefe ausgewertet, weit mehr als 2.000 gelesen. Ich habe verglichen, ob die Art und Weise, wie das Bauvorhaben Merkur [ehemals Schocken] vorangetrieben wurde, ein Einzelfall war oder ob auch bei anderen Bauten die Planung so schleppend vorwärts ging und mit so rigorosen Entscheidungen endete.

Ich habe versucht, die Charaktere, die hinter diesen Entscheidungen standen, zumindest nach ihrem beruflichen Handeln einzuschätzen.

Die Arbeit ist in zwei Abschnitte gegliedert. Im ersten Teil wird der Ablauf der Planungen und Verhandlungen um den Schocken bis 1960 dokumentiert. Im zweiten Teil beschreibe ich die Rolle der wichtigsten Personen oder Interessengruppen, die am Geschehen beteiligt waren. Ich analysiere und beurteile ihre Argumente in der Diskussion um Erhalt oder Abriss des Schocken.

Während meiner Recherchen gewann ich zuerst den Eindruck, dass über das Thema »Schocken« so viel geredet worden war, dass nach vierzehn langen, mühsamen, verhandlungsreichen Jahren jede Entscheidung besser schien als eine Fortsetzung dieser endlosen Planungen.

Als nächstes fiel mir auf – und das nicht nur im Stadtarchiv Stuttgart, sondern auch beim Nachlass von Egon Eiermann –, dass es keine Briefe gibt, die sich mit der Debatte um den Abriss beschäftigen. Ich war erstaunt, dass in all den Schreiben die lebhafte Diskussion, die vielen Zeitungsartikel keine Erwähnung fanden, weder bei der Stadt, noch bei Horten oder Eiermann. Ich konnte mir nicht vorstellen, dass so heftig geführte Auseinandersetzungen in keinem der Briefe thematisiert werden sollten!? Die Diskussion im Zusammenhang mit dem Abriss des Kronprinzenpalais dagegen hatte sich in den Briefen sehr wohl niedergeschlagen.

Die Durchsicht des Materials führte mich zu folgenden Fragen: Welche Bedeutung spielte der Wunsch der Stadt nach einer großzügigen Verkehrsplanung? Hatte die Stadt von Anfang an das Ziel, den Schocken abzureißen und suchte nur nach einem Weg, um diesen Wunsch auch beim Bauherrn zu erzeugen? Oder war es Helmut Horten, der das Gebäude abreißen und einen Weg finden wollte, um einen – möglichst größeren – Neubau zu errichten? Die Ausmaße des Kaufhauses Horten, wie es 1961 entstanden ist, hätten sich in den fünfziger Jahren nicht durchsetzen lassen. Welchen Einfluss hatte der Wunsch Helmut Hortens nach der Wirtschaftlichkeit seines Kaufhauses? Fanden sich Hinweise auf Manipulationen in die eine oder andere Richtung?

Endgültige Antworten konnte ich nicht finden. Es war auch nicht Ziel dieser Arbeit, Schuldige zu präsentieren. Es ging darum, die vielfältigen Gründe, die zum Abriss führten, erkennbar zu machen. Ich habe die Zeit, in der die Verhandlungen stattfanden und die Personen, die mitgewirkt haben, beleuchtet, und möglicherweise wird sogar eine in unseren Augen unvorstellbare Entscheidung zum Abriss dadurch verständlicher und nachvollziehbarer.

Die Situation

Was war das für eine Zeit, in der die Verhandlungen um den Aufbau der Stadt Stuttgart, um die Erweiterung des Kaufhauses Merkur und am Ende um den Abriss geführt worden sind?
»Die fünfziger Jahre, das war das Wirtschaftswunder. Ein kaputtes, besiegtes Land kehrte Schritt für Schritt in die Völkergemeinschaft zurück.«[1]
Die fünfziger Jahre, das waren die ersten Fernseher, Stereoradios, Kühlschränke, Nierentischchen und Plastiktüten. Der beliebte Käfer kostete 3.600 DM. Endlich konnte man wieder kaufen oder zum ersten Mal in die Welt reisen.
In Stuttgart fuhren die Straßenbahnen wieder, Louis Armstrong, Maria Callas und Ella Fitzgerald kamen in die Stadt. Der Fernsehturm wurde gebaut und die Liederhalle. Der Aufschwung war in vollem Gange, Arbeitskräfte wurden in allen Bereichen gesucht. Die ersten Gastarbeiter kamen nach Deutschland. Mit dem Bau der Schulstraße entstand die erste Fußgängerzone der Bundesrepublik.

Die fünfziger Jahre waren eine Zeit des Aufbruchs, aber auch der Gegensätze. Noch 1953 war die Zahl der Obdachlosen und Wohnungssuchenden so hoch, dass viele unter der Rosensteinbrücke oder in Bunkern lebten. Überall gab es Suchtafeln und Anschlagbretter der Heimatvertriebenen. »Das alte Stuttgart war am Ende. Doch so grausam das klingt: es war die Chance für einen neuen Anfang.«[2]
Die Diskussion, wie man Stuttgart wieder aufbauen sollte – ob alt oder neu –, beschäftigte die Menschen auf der Straße, in den Amtsstuben und Planungsbüros. Die Modernisten wie Richard Döcker wollten die Stadt als ein Gesamtbild entwickeln. Durch die vielen zerstörten Häuser – in der Innenstadt lagen zwei Drittel aller Gebäude in Schutt und Asche – waren in Stuttgart Blickbeziehungen entstanden, die bisher nicht existiert hatten. »So muss die Planung bearbeitet werden und kann nur bearbeitet werden im

Hinblick auf das Bildhafte unserer Stadt, nicht nur auf die Führung der Straßen und des Verkehrs, die Höhe oder Dichte der Bebauung, sondern auf die Bildwirkung, die die Bebauung im Rahmen unserer Situation in Stuttgart ergibt. Das ist ein ganz neues Moment, das hinzukommt und das eigentlich kaum andere Städte haben.«[3]
Döcker mahnte, die Planungen in Stuttgart nicht zu übereilen. Er vertrat den Standpunkt, »dass die Stadt, die sich eine gewisse Zurückhaltung bei der Bewilligung der Bauwünsche ihrer Bewohner auferlege, diejenige sein wird, die die größten Aussichten hat, ihren Aufbau als Zukunftsaufgabe durchführen zu können«[4].
Der Generalbebauungsplan entstand 1948 in nur wenigen Monaten. Für dessen Umsetzung war eine Neuordnung der gesamten Bauaufgaben mit ausreichender Sicherung der öffentlichen Interessen notwendig. Die schon vor 1945 entwickelte Verkehrsplanung sollte nun endlich realisiert werden. Es machte sich »eine gewisse Gleichgültigkeit gegenüber weniger wichtigen kulturgeschichtlichen Zeugnissen«[5] bemerkbar. »So ging die Planung der Altstadt souverän über Stadtmauerreste, steinerne Erdgeschosse oder stehengebliebene Umfassungsmauern hinweg.«[6]
Paul Bonatz beurteilte den Generalbebauungsplan als gut. Er stellte aber auch fest, dass es schwierig sein würde, ihn durchzusetzen mit all den notwendigen Baulandumlegungen und dem Bau der großen Straßen. Er meinte, dass eine totalitäre Lösung nicht möglich wäre, da dies der Demokratie widersprechen würde. »Aber mit geschickten Leuten und überzeugender Propaganda sollte man es lösen können. [...] Man muss die geschickten Männer haben, die in konzilianter Weise den Leuten das Notwendige angenehm zu machen verstehen.«[7]
Paul Bonatz gehörte aber auch zu denjenigen, die sich mit Unterstützung der Öffentlichkeit und der Presse für den Erhalt der »alten Werte« einsetzten. Es wurde lange und heftig diskutiert, welche der zerbombten, ausgebrannten und eingestürzten Bauten wieder errichtet oder völlig beseitigt werden sollten. Beim Neuen Schloss siegten die Traditionalisten, beim Kronprinzenpalais haben sie verloren. »Die Kunst der Städtebauer und Architekten ist es von jeher gewesen, den Ausgleich zwischen widerstrebenden Forderungen zu finden. Hier widerstreben sich städtebauliche Schönheit und Autoverkehr. Soll der Autoverkehr alle Werte umrennen?«[8]
Der Generalbebauungsplan rief also nicht nur Zustimmung hervor. Auch in der Stadtverwaltung gab es unterschiedlichste Meinungen. Noch 1945 meinte Eugen Mertz,

Architekt und damaliger Leiter des Referates Wiederaufbau und Stadtplanung: »So falsch es wäre, aus übertriebener Sparsamkeit oder Pietät überall wieder den alten Bauzustand anzustreben, so falsch wäre es, wollten wir Stuttgart im Zug des Wiederaufbaus radikal verändern und damit unserer Stadt ein grundlegendes neues Gepräge geben, man wolle versuchen, möglichst viel von dem Geist und dem Gefüge der alten Stadt in die neue Zeit hinüberzuretten.«[9]
Stadtrat Hausmann kritisierte in der Gemeinderatssitzung am 1. Juli 1948: »Die Großraumpläne der ZAS[10] haben Anlass dazu gegeben, sich zu fragen, ob wir den Krieg nicht verloren, sondern gewonnen hätten?«[11]
»Schon beim Rathauswettbewerb [1950], als eine Beteiligung der Öffentlichkeit an dieser wichtigen architektonischen Frage in Gang gekommen war, waren Stimmen zu vernehmen, die das ›Unschwäbische‹, Unvertraute der vorgestellten Lösungen als unangemessen ablehnten – ›amerikanische Autofabriken‹, ›Radiokisten‹ oder Warenhausfassaden passten nicht nach Stuttgart.«[12]
Ein Leser der Stuttgarter Zeitung schrieb zu den städtischen Planungen am 20. Mai 1952: »Die ganz Gescheiten sagen, dem Verkehr müsse eine breite Gasse geschaffen werden. Ja ist denn der Autoverkehr das einzige Kriterium? ... Glaubt doch nicht, dass der Verkehr, dessen Entwicklung niemand voraussehen kann, oder der ökonomische Nutzeffekt allein dem Städtebauer Richtschnur sein darf!«[13]
Die Verwirklichung der Pläne zog sich über Jahre hin. Da das gesamte Innenstadtgebiet neu geordnet werden sollte, wurde eine weiträumige Bausperre verhängt. Das Straßennetz sollte neu entstehen; die anfallenden Arbeiten konnten von den Technischen Werken kaum bewältigt werden. Es fehlte an Geld, Arbeitskräften und Material.[14]
Bis 1950 waren hauptsächlich gewerbliche Neubauten entstanden. Doch Wohnraum wurde dringend benötigt, und so wurde mit neuen Baumaterialien und Bauweisen – das Max-Kade-Haus entstand mit Ziegelsplitt als Betonzugschlagstoff aus der Trümmerverwertung – experimentiert, um in sowohl kürzester Zeit als auch in materialsparendster Art zu bauen.
Die so entstandenen Neubausiedlungen waren jedoch nur der berühmte Tropfen auf den heißen Stein. Die Bevölkerung Stuttgarts wuchs jährlich um etwa 27.000 Menschen. Gerade leer geräumte Bunker waren sofort wieder bewohnt, manchmal mit über 1.000 Menschen.

Der Zentrale für den Aufbau der Stadt Stuttgart (ZAS) wurde ein oftmals zu bürokratisches, uneffektives Handeln vorgeworfen. Bauanträge wurden mehr als drei Monate bearbeitet, ehe sie genehmigt wurden. Die großen Schwierigkeiten und Verzögerungen des Aufbaus in Stuttgart zeigten sich auch in einer Resolution des BDA (Bund Deutscher Architekten) in Stuttgart: »Angesichts der jahrelangen Verschleppung der notwendigen Vorbereitungen für einen lebendigen Aufbau der Stadt lehnen die im Bund Deutscher Architekten zusammengeschlossenen Stuttgarter Architekten das bisherige Planverfahren grundsätzlich ab.«[15]

Und wie sahen die Stuttgarter den Aufbau ihrer Stadt? »Stuttgart? Das ist furchtbar, ganz furchtbar! ... Es sind nicht in erster Linie die Zerstörungen und ihre Sinnlosigkeit, es ist die Sinnlosigkeit des gesamten Wiederaufbaus, von dem man mir so viel Rühmendes erzählt hat. ... Die Ruinen gleich nach dem Bombenhagel müssen noch eher ein Gesicht gehabt haben als dieses aufgeräumte Chaos. ... Sicher wäre es sinnlos, wollte man die alten, schönen Gebäude imitiert wieder aufbauen. Aber die Substanz hätte man doch retten sollen. ... Wenn ich nur lachen könnte über die Konditorenschachteln, die man da hingestellt hat. ... Was man im Stadtkern von Stuttgart aufbaut, könnte überall stehen, deswegen ist es eben nicht mehr Stuttgart.«[16]

1 Die Trümmerbahn fährt an der Technischen Hochschule Stuttgart 1946

2 Die Stadt in Trümmern: Blick vom Rathaus zur Leonhardskirche 1949

3 Vereidigung von Oberbürgermeister Dr. Arnulf Klett am 8. Oktober 1945 durch die Militärregierung

4 Die Hirschstraße nach den Zerstörungen 1944

5 Wohnungsnot 1953: Leben unter der Rosensteinbrücke

6 Noch 1956 hatten die Suchtafeln der Heimatvertriebenen eine wichtige Funktion

7 Ausstellung 1947: Baustoffe aus Trümmern in den Ruinen des ehemaligen Marstalls

8 Ausstellungstafel

9 Der Aufbau beginnt: die Königstraße im Mai 1950

10 Der Schocken an der Ecke Eberhard-/Steinstraße 1957

11 Der Aufschwung – neue Kaufkraft und gefüllte Schaufenster

12 Familien-Idylle mit Vespa

Der Schocken bis 1945

Der Konzern

Die Geschichte des Schocken-Konzerns begann am 18. März 1901 mit der Eröffnung des Warenhauses Gebrüder Ury in Zwickau unter Leitung von Simon Schocken. Simon hatte in die Familie Ury eingeheiratet und übernahm 1906 den Konzern Ury. Die Leitung einer Filiale in Oelsnitz – schon unter dem Namen »Kaufhaus Schocken« – übertrug Simon seinem jüngeren Bruder Salman. Die beiden Brüder ergänzten sich hervorragend. Simon war im Gespann der mit sicherem Instinkt begabte Kaufmann, der es vor allem verstand, die Mitarbeiter zu begeistern und zu motivieren, Salman dagegen war der kühl und rational handelnde Stratege.
Aus der Zusammenarbeit ergab sich 1907 die Gründung der Firma I. Schocken Söhne Zwickau mit Simon und Salman Schocken als alleinigen Geschäftsinhabern. Sie umfasste die beiden Warenhäuser in Zwickau und Oelsnitz sowie die Zwickauer Einkaufszentrale, dem strategischen Angelpunkt des Unternehmens. Als Geschäftsinhaber waren sie bei allen Entscheidungen unabhängig von Gesellschaftern und Aktionären.
Die günstige wirtschaftliche Situation zwischen 1904 und 1914 wie auch die kaufmännischen Überzeugungen und Pläne der Gebrüder Schocken ermöglichten einen Aufstieg der Firma, der unglaublich scheint. Zu Beginn der Entwicklung konzentrierte sich der Konzern auf den sächsisch-thüringischen Bereich. Die Bevölkerungszahl stieg in dieser Gegend in den angegebenen zehn Jahren um 23 Prozent, die Sparguthaben stiegen um 25 Prozent, und die Kaufkraft wie auch der Volkswohlstand erreichten als Folge der einsetzenden Industrialisierung bisher unbekannte Höhen.
Die Geschäftsidee der Brüder Schocken – im Gegensatz zu anderen Warenhausketten – war es, die verschiedenen Filialen und Anschlussgeschäfte über eine zentrale Stelle zu verwalten und über ein gemeinsames Einkaufsressort zu versorgen. Es konnte in

großen Mengen mit hohen Rabatten eingekauft und dieser Preisvorteil an den Kunden weitergegeben werden.
Um bei der Kundschaft Vertrauen in die Produkte zu erzeugen, die nicht nur günstig, sondern auch von hoher Qualität sein sollten, entwickelte die Firma Schocken als Warentest Qualitätskontrolle und Qualitätssiegel. Als Ausdruck dieser Qualität sollte auch das 1905 zum Schutz angemeldete Firmenzeichen gelten und eine enge Bindung zwischen Hersteller und Verbraucher symbolisieren.
Im März 1914 wurde die zehnte Warenhausfiliale des Schocken-Konzerns in Freiberg eröffnet. Dem Konzern gehörten noch drei sogenannte Anschlussgeschäfte an, die ihre Waren aus dem Zentrallager in Zwickau bezogen, sonst aber eigenständige Geschäftshäuser waren.
Die enorme Expansion fand mit dem Beginn des Ersten Weltkrieges ein vorläufiges Ende. Bereits wenige Wochen nach Kriegsbeginn traten erste Versorgungsengpässe mit Preissteigerungen um 25 Prozent auf. Da Schocken bisher Produkte aus ganz Deutschland bezogen hatte, waren die Warenhäuser im Vergleich zum Einzelhandel noch relativ lange in der Lage, viele Waren anzubieten. Doch die gesamte deutsche Wirtschaft brach in den vier Jahren des Krieges völlig zusammen. Aufgrund der Blockade durch die Alliierten war kein Welthandel mehr möglich, sodass schnell viele notwendige Rohstoffe fehlten. Auch nach Ende des Krieges kam der Handel mit dem Ausland nur schwer in Gang, da als Entschädigung die deutsche Handelsflotte beschlagnahmt wurde. Erschwert wurde ein wirtschaftliches Erholen nach Kriegsende ebenfalls durch Gebietsabtretungen, da dadurch zusätzlich Industriestandorte verloren gingen. Die Beschlagnahmung aller ausländischer Guthaben tat ein Übriges auf dem Weg zur Inflation, welche die Erschwernisse, während des Krieges einen Konzern zu führen, bei weitem übertraf.
Da der Handel mit England und Amerika in den westlichen, von den Alliierten besetzten Gebieten früher begann, sanken dort die Preise für Produkte zuerst. Dies waren günstige Voraussetzungen für den Schocken-Konzern, der durch seine langjährigen Geschäftsbeziehungen in den westlichen Gebieten Waren günstig kaufen und sie im Osten ebenso günstig anbieten konnte.
Schon 1919 begann die Firma Schocken sich weiter zu vergrößern. So wurden bis 1920 zwei weitere Warenhausfilialen und ein Strumpfhaus eröffnet, eine Textilfabrik zur

eigenen Produktion übernommen sowie die Liga AG, eine kaufmännische Versicherung, gegründet. Mit der Eröffnung des Hauses in Regensburg expandierte der Konzern erstmals über die Grenzen Sachsen-Thüringens hinaus.

Am 23. Dezember 1921 wurde die »Kommandit-Gesellschaft auf Aktien« zur Stärkung der finanziellen Basis gegründet.

Dass die Firma Schocken die wirtschaftlich schwierigen Jahre überstand, ist auf das Dispositionsgeschick der Firmenleitung zurückzuführen. So konnte man durch geschickte Lagerhaltung oder eine in der Zeit der Inflation besonders kurzfristige Einkaufspolitik das Warenangebot so lange als möglich an den Wünschen der Kunden orientieren. Die weitere Inflation – 1922 war die Mark bereits auf ein 750sten Teil ihres Wertes gefallen – machte eine totale Ordersperre im Oktober 1923 notwendig, da die liefernden Firmen bis zur tatsächlichen Lieferung keine Preise angeben konnten und so eine Preiskalkulation nicht mehr möglich war.

Durch die Möglichkeit großer Lagerbestände, Eigenproduktion und die Unabhängigkeit von Banken war der Konzern immer in der Lage, den Betrieb aufrechtzuerhalten. Außerdem beschränkte Salman Schocken die Dispositionszeiten auf ein Minimum, während andere Warenhäuser bereits ein halbes Jahr im voraus Waren orderten und dadurch wenig flexibel auf die wirtschaftlichen Verhältnisse reagieren konnten. Durch die eingeführten Warentests und Qualitätsprüfung gelang es Schocken, auch über die Krisenjahre hinweg, sich eine treue, zufriedene und zahlreiche Kundschaft zu erhalten. 1923 war der Schocken-Konzern der am stärksten zentralisierte Warenhausbetrieb Deutschlands.

Im November 1923 wurde der Zentralbetrieb in zwei einzelne Bereiche geteilt: in den Geschäftsressort, zuständig für Einkauf, Verkauf und Finanzen und in den Verwaltungsressort.

Nach der Währungsreform in November 1923 konnte erstmals im Sommer 1924 wieder die so genannte Sommermesse bei Schocken stattfinden, ein günstiger Ausverkauf von Lagerbeständen.

Die Firmenphilosophie von Salman Schocken beschränkte sich nicht nur auf eine moderne Einkaufs- und Vertriebsstruktur, sondern schloss auch für diese Zeit ungewöhnliche Sozialleistungen ein. Ab 1925 erhielten alle Mitarbeiter zusätzlich zu den schon übertariflichen, sozialen Leistungen eine Jahresvergütung von etwa einem halben

Monatsgehalt für den großen wirtschaftlichen Erfolg des Unternehmens. Es gab die Betriebserholungsstätte Gut Rautenkranz, eine Unterstützungskasse für die Belegschaft wurde angelegt. Schon 1920 richtete Schocken in den Warenhäusern für sein gut ausgewähltes und geschultes Personal Bibliotheken ein.
Am 11. Oktober 1926 konnte eine neue Filiale in Nürnberg eröffnet werden, der weitere sechs Filialen in den nächsten Jahren folgten. Der Konzern erzielte in den folgenden vier Jahren eine Umsatzsteigerung von 18 Millionen Mark und beschäftigte bis Ende 1929 insgesamt mehr als 4.200 Mitarbeiter. Obwohl sich die wirtschaftliche Lage in Deutschland bereits 1929 wieder zu verschlechtern begann, war Schocken weiter auf Expansionskurs und eröffnete 1930 das bis dahin größte Warenhaus des Konzerns in Chemnitz mit über 1.000 Mitarbeitern.
Am 1. Juli 1931 wurde der Schocken-Verlag gegründet. Seit 1929 war Salman Schocken alleiniger Geschäftsinhaber, nachdem sein Bruder Simon bei einem Autounfall ums Leben gekommen war.

Mit dem Regierungswechsel 1933 wurde eine allgemeine Errichtungssperre für Warenhäuser, Einheitspreisgeschäfte und Filialbetriebe ausgesprochen, da diese Unternehmensform nach Meinung der neuen Regierung der deutschen Wirtschaft nicht förderlich war. Ziel war es, das System des Warenhauses abzuschaffen und dadurch den Einzelhandel wieder zu stärken. Jedoch ließ sich dieses Ziel nicht erreichen, ohne dass zu viel beteiligtes Kleingewerbe mit geschädigt würde. Somit wurde die Klärung des Problems aufgeschoben, eine legale Lösung der Diskussion um die Warenhäuser war nicht in Sicht. Schon Ende Januar 1933 rechnete Schocken verstärkt mit Anschlägen und Schmierereien an Kaufhäusern, sodass eine Order der Konzernleitung den Direktoren untersagte, in der nächsten Zeit in Urlaub zu gehen. Der nationalsozialistischen Doktrin zufolge war jeder, der im Warenhaus einkaufte, ein »Lump und Judenknecht«[17]. Die Propaganda wechselte von einem Verbot in Warenhäusern zu kaufen in ein Verbot, bei Juden zu kaufen. Da sich die Kundschaft nicht abhalten ließ, weiter im Schocken einzukaufen, wurde der Boykott durch die Terrorisierung der Kundschaft verstärkt. Vor allem das Nürnberger Haus hatte unter den Aktionen zu leiden. So wurden die Pässe der Kunden durch Mitglieder der NSDAP kontrolliert, Abzeichen der Deutschen Arbeitsfront oder Partei abgerissen und damit diejenigen,

die im Warenhaus angetroffen wurden, bloßgestellt und aus der Partei oder anderen nationalsozialistischen Vereinigungen ausgeschlossen.
Die andauernden Diskussionen um die Warenhäuser und die Belästigungen der Kundschaft führten 1935 zu einem Umsatzrückgang von bis zu sechs Prozent. Die Nationalsozialisten schalteten Schritt für Schritt die Juden aus der deutschen Wirtschaft aus. So wurde bereits 1933 die Leonhard Tietz AG zur Westdeutschen Kaufhaus AG umgewandelt, drei Jahre später in Westdeutsche Kaufhof AG umbenannt. Die Vorbesitzer schieden aus dem Unternehmen aus, und die Aktienmehrheit wurde von der Deutschen und der Dresdner Bank übernommen. Bei Hermann Tietz & Co. wurden die Besitzer 1935 ebenfalls von der Deutschen und der Dresdner Bank ausbezahlt und die Firma in Hertie Kaufhaus GmbH umbenannt.
Salman Schocken überließ 1936 die Aktienmehrheit seines Konzerns einer englischen Gruppe, er selbst behielt den Grundbesitz. Schon seit 1934 war der »Arier« Dr. Wilhelm Fonk Leiter des Ressorts Verwaltung. Obwohl die Aktienmehrheit nun bei arischen Eignern lag, behielt der Schocken-Konzern eine eigenartige Zwitterstellung. Je nach Institution wurde der Konzern als arisches oder nicht-arisches Unternehmen angesehen. Dennoch machte sich eine leichte Geschäftsbelebung bemerkbar.
1938 war der Schocken-Konzern das einzige Warenhaus, bei dem die »arische Frage« noch immer nicht geklärt war. Bis zum Frühjahr mussten alle jüdischen Mitarbeiter entlassen werden.
Salman Schocken musste verkaufen, wollte er den Konzern in irgendeiner Form erhalten. Er nahm Verhandlungen mit verschiedenen Firmen im Ausland auf, und durch die Vermittlung zweier Amsterdamer Banken wurde der Konzern 1938 an eine deutsche Bankengruppe unter Führung der Deutschen Bank und der Reichskreditgesellschaft verkauft. Das Grundkapital der Firma wurde nach dem Verkauf erhöht und auf fünfzehn Millionen Mark festgesetzt. Salman Schocken erhielt von dem Verkauf lediglich 800.000 hfl, die Gesellschafter wurden mit insgesamt 925.000 hfl ausbezahlt, was fünf Millionen Mark entsprach. Ein großer Teil dieses Geldes ging auf so genannte Auswanderer-Sperrkonten. Der Konzern, der laut einer Prüfung 1938 ohne Anrechnung der Liga AG und des Grundbesitzes auf weit über 20 Millionen Mark geschätzt wurde, wurde also weit unter Wert verkauft.
Im Januar 1939 wurde der Konzern in »Merkur Aktiengesellschaft« umbenannt.

Der Stuttgarter Schocken

Nach Weltwirtschaftskrise und Inflation kam es in Deutschland in den Jahren 1924 bis 1930 zu einem allerdings nicht tiefgreifenden Aufschwung. Salman Schocken nutzte die relativ günstige wirtschaftliche Lage und erweiterte sein Unternehmen durch die Gründung neuer Warenhausfilialen im süddeutschen Raum. Den Anfang machte er mit dem Kaufhaus in Nürnberg – Eröffnung am 11. Oktober 1926 –, erstmals mit Erich Mendelsohn als beauftragtem Architekten. Noch bevor ein sowohl wirtschaftlicher als auch architektonischer Erfolg von dem Nürnberger Haus abgeleitet werden konnte, erhielt Mendelsohn den Auftrag für die Planung der Stuttgarter Filiale. Die Stadt war als Industriestandort mit Nürnberg vergleichbar. »Die Voraussetzungen für eine Kaufhaus-Gründung in Stuttgart waren mithin außerordentlich günstig, denn eine kaufkräftigere Bevölkerung als die Stuttgarts mit seinen Wachstumsindustrien Fahrzeugbau und Elektrotechnik sowie dem ausgeprägten Dienstleistungsbereich konnte man sich in den zwanziger Jahren in Deutschland nur schwerlich vorstellen.«[18]

Im Sommer 1926 kaufte die Schocken KG das Grundstück Eberhardstraße 28 in Stuttgart. Dort hatte bis zum Herbst 1925 das Gasthaus »Petersburger Hof« gestanden, mit dessen Abriss bereits begonnen worden war.

Die Bedingungen des Baublocks waren äußerst ungünstig. Zwischen der Eberhardstraße auf der Südseite und der Geißstraße im Norden war ein Höhenunterschied von drei Metern zu überwinden. Außerdem richtete sich die zulässige Bauhöhe nach der Straßenbreite. Die Eberhardstraße war einer der wichtigsten Verkehrswege in der Stuttgarter Innenstadt und mit 18,10 Metern entsprechend breit. Die Geißstraße dagegen war nur eine kleinere Gasse mit wenig Verkehr, sieben Meter breit. Bei voller Ausnutzung aller zulässigen Höhen war also ein Höhenunterschied von 14 Metern in dem Entwurf umzusetzen.

Am 22. Juli 1926 reichte Erich Mendelsohn das erste Baugesuch ein, das am 30. August 1926 vorläufig genehmigt wurde. Nach Änderungen durch Wünsche der Stadt beziehungsweise auf Einsprüche der Nachbarn wurde am 29. Januar 1927 ein zweites Baugesuch vorgelegt und am 5. Juli 1927 die Baugenehmigung erteilt. Bereits fünf Monate später war die Stahlskelettkonstruktion fertig gestellt, die Rohbauarbeiten wurden am 26. April 1928 beendet.

Das Gebäude bestand aus vier sich um einen Innenhof gruppierenden Flügeln unterschiedlicher Höhe; die Grundrissfläche orientierte sich am Verlauf der Grundstücksgrenzen. Beim Entwurf ging Erich Mendelsohn von außen nach innen vor. Erst als die äußere Gestalt gefunden war, widmete er sich dem Inneren. Drei Treppenhäuser bildeten wichtige vertikale Akzente im Gegengewicht zu langen horizontalen Fensterbändern. Im Juli 1926 berichtete er seiner Frau: »Wir haben das Stuttgarter Vorprojekt fertig gemacht, das beiliegende Blatt zeigt die Eindeutigkeit des räumlichen Organismus. An ihm ändern, das heißt von ihm fortzunehmen oder ihm etwas anzufügen, erfordert neue Arbeit und neue Gestalt.«[19]
Die Front der Eberhardstraße mit einer zwei Meter vorspringenden Schaufensteranlage im Erdgeschoss war die Repräsentationsseite. Dunkelroter Eisenklinker und heller Cannstatter Travertin wechselten in feinen Schichten mit tiefliegenden Fenstern. Die anderen drei Fassaden waren ruhiger gehalten und bildeten so den Gegenpol zur Eberhardfassade.
Der vorspringende, berühmte Treppenhausturm an der Ecke Eberhard-/Hirschstraße – ganz aus Glas und Stahl – war das markanteste Element des Gebäudes. Als weithin sichtbarer Orientierungspunkt war er nicht nur architektonisches Signet für das Kaufhaus Schocken, sondern auch ein städtebaulicher Gewinn für Stuttgart. Vor allem in den Abend- und Nachtstunden wurde der Bau »durch seine künstlerische Beleuchtung ein lockendes Schauspiel«[20], wie das Stuttgarter Neue Tagblatt schrieb. Die neuen technischen Möglichkeiten der Gestaltung mit Licht übte auf die Menschen in den zwanziger Jahren einen faszinierenden Zauber aus. Das Gebäude war somit auch Sinnbild des Fortschritts.
Schwierig bei den Bauämtern durchzusetzen war die Anbringung des großen Schocken-Schriftzugs auf dem Schaufenstervorbau. Lichtreklame war Ende der zwanziger Jahre ein Novum in der Architektur, und die Bauämter der Stadt mussten erst von der Ästhetik »überzeugt« werden. Nachdem Mitarbeiter Mendelsohns ausführlich technische Details und die sturmsichere Befestigung erläutert hatten, wurde die Anbringung der Buchstaben unter der Bedingung genehmigt, dass ein künstlerisches Gesamtbild entstehe. Erich Mendelsohn selbst hatte mehrfach betont, dass die Buchstaben von Anfang an Teil seines Entwurfs gewesen waren.

Die Bauarbeiten wurden am 26. September 1928 – nach nur vierzehn Monaten Bauzeit – beendet. Am 2. Oktober 1928 wurde die große Eröffnung gefeiert.
Das Kaufhaus in Stuttgart war ein voller Erfolg. »Der Warenausgang ist das Doppelte von Zwickau oder Nürnberg ...«[21] und das, obwohl die Einwohnerzahl von 416.000 etwa der von Nürnberg zu diesem Zeitpunkt entsprach. Diese enormen Umsätze werden auch der Grund gewesen sein für die bereits ein Jahr nach Eröffnung geplante Erweiterung um ein Geschoss.
Durch die positiven Erfahrungen in Nürnberg und Chemnitz mit großen, übersichtlichen Verkaufsflächen sollte auch in Stuttgart 1932/33 der Innenhof überbaut und mit einer Kundenrolltreppe versehen werden. Die Baugesuche wurden jedoch wegen der 1933 erlassenen Errichtungssperre für Warenhäuser abgelehnt.
Der Innenhof war 1927 eine Auflage der Baubehörde und als Betriebshof für eine günstige Belüftung und Belichtung der tief liegenden Verkaufsräume gefordert worden. Da er für Lastwagen zu klein konzipiert war, musste die Warenanlieferung über die Geißstraße direkt erfolgen, was zu Staus und Beschwerden der Nachbarn führte. Diese Proteste wurden von der nationalsozialistischen Politik ab 1932 unterstützt. Beim Aufruf zum landesweiten Boykott der jüdischen Warenhäuser am 1. April 1933 blieb das Stuttgarter Haus vorsorglich geschlossen. Salman Schocken musste sein Unternehmen 1938 verkaufen. Es wurde 1939 in Merkur umbenannt.
1943 wurde das Kaufhaus geschlossen. Bei der Bombardierung Stuttgarts 1944 wurde der Schocken-Bau getroffen und brannte aus, blieb aber durch die Stahlskelettkonstruktion relativ gut erhalten, sodass er im September 1945 wieder eröffnet wurde.

13 Der Schocken 1928

14 Die Nachtwirkung war Anziehungspunkt und Werbung

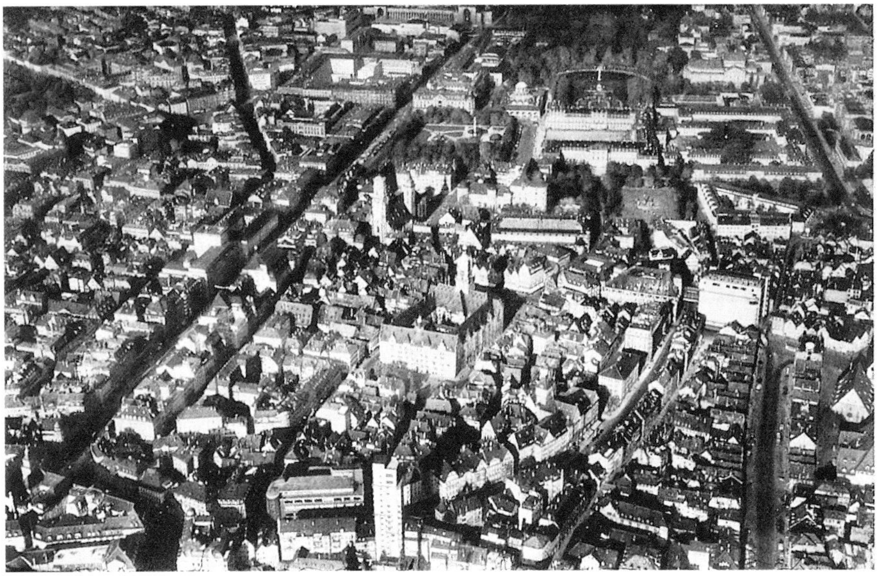

15 Die Innenstadt vor dem Krieg. Unten der Schocken, wie er sich in das Stadtbild einfügt

16 Blick im Innenhof: Die unterschiedlichen Gebäudehöhen lassen sich auch im Innenhof gut erkennen

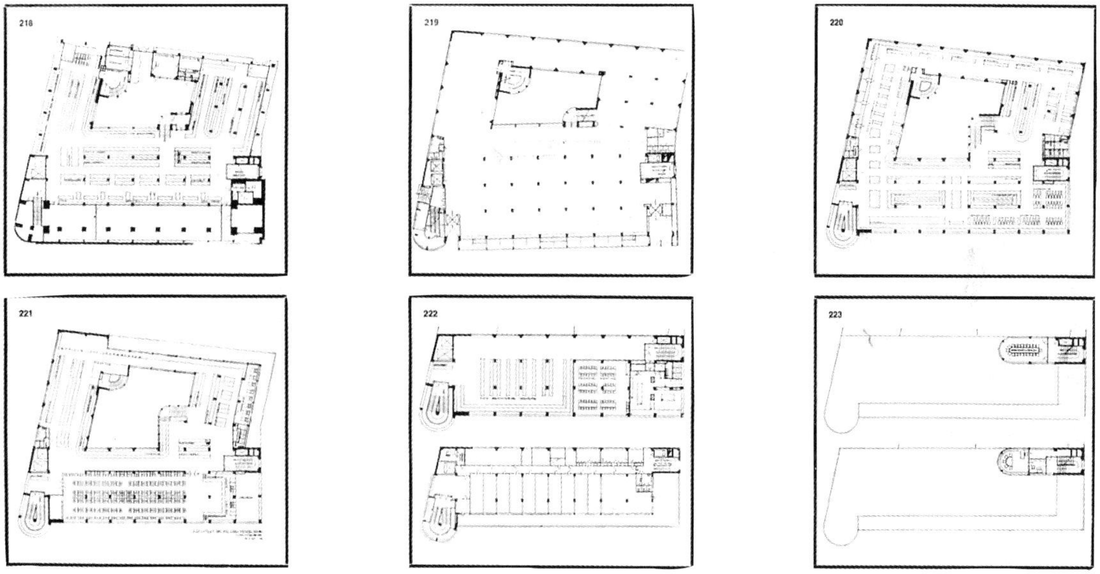

17 Grundrisse

18 Blick aus der Torstraße auf den Schocken und den Tagblatt-Turm

19 Der Schocken kurz nach der Zerstörung 1944

20 Durch die Stahlskelettkonstruktion war der Schocken relativ gut erhalten

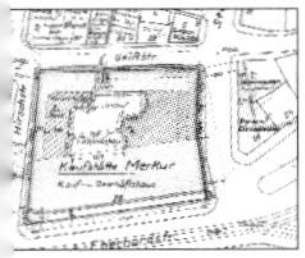

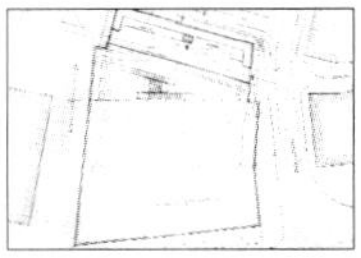

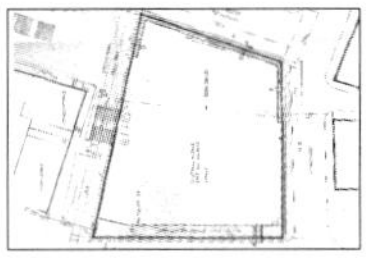

Der Weg zum Abriss 1945 – 1960

Der Weg von den ersten Instandsetzungsarbeiten nach dem Zweiten Weltkrieg bis zum Abriss des Kaufhauses Schocken 1960 war von langwierigen Verhandlungen – wie Horten im Dezember 1959 schrieb, waren es über 100 Besprechungstermine[22] – geprägt.[23]
Die Verhandlungen zwischen der Stadt, der Aufbaugemeinschaft Hirsch-, Nadler-, Stein- und Milchstraße und der Merkur AG beginnen – über einen Zeitraum von vierzehn Jahren – immer wieder von neuem.

Das erste Baugesuch

Nach den Zerstörungen im Krieg wurde ab 1946 damit begonnen, den Schocken wieder zu reparieren. Am 13. August 1946 mahnte die Leitung der Zentrale für den Aufbau der Stadt Stuttgart (ZAS) bei Merkur einen Bauantrag an, da seit geraumer Zeit Instandsetzungsarbeiten am Gebäude beobachtet worden waren. »Ich erwarte binnen kürzester Zeit die Vorlage eines Baugesuches, aus dem der Bestand und die baulichen Umänderungen klar ersichtlich sind, und das Sie von einem besten Architekten bearbeiten lassen.«[24] Auch wurde auf das demnächst erscheinende Nachrichtenblatt der Stadt Stuttgart verwiesen, in dem die zu erwartenden Regelungen für Aufbauarbeiten im Altstadtgebiet veröffentlicht werden sollten. Mit einem Schreiben neun Tage später wurde Merkur eine Genehmigung der Instandsetzungen nur auf Widerruf in Aussicht gestellt, da das Gebäude in einem neu zu planenden Gebiet liege, dessen Verkehrsfragen noch nicht geklärt seien.[25] Die Stadt wollte sich damit rechtlich absichern und keine Entschädigungen zahlen, falls durch die städtischen Planungen Gebäude oder Gebäudeteile abgerissen werden müssten.

Die Merkur AG erläuterte, dass am Schocken keine Veränderungen vorgenommen werden sollten, sondern lediglich der Zustand von 1928 wiederhergestellt würde. Sie war davon ausgegangen, dass die Besichtigung zur Schadensfeststellung kurz nach dem Bombentreffer durch die zuständigen Ämter sowie die Bereitstellung von Reparaturmaterial und Arbeitskräften einer Genehmigung gleichkäme und war deshalb von der Aufforderung der Stadt überrascht.[26] Ein Baugesuch wurde am 4. November 1946[27] nachgereicht. In der Beschreibung wurde erklärt, dass die beiden oberen Geschosse des Steinstraßenturms wegen zu starker Beschädigungen vorläufig abgetragen würden, bis ein Aufbau wieder möglich sei. Die Eisenfenster im Erdgeschoss müssten durch Holzrahmen mit kleineren Teilungen ersetzt werden, um das notwendige Glas leichter beschaffen zu können.[28]
Ein Jahr später wurde der Merkur AG mitgeteilt, dass – nach dem Verkehrsgerippeplan vom 30. Juni 1947 – die Eberhardstraße verbreitert werden solle und deshalb der Schaufenstervorbau abgerissen werden müsse. Sie erhielt die Aufforderung, das Baugesuch in diesem Sinne abzuändern[29]. Merkur lehnte solch tiefgreifende Veränderung an ihrem Gebäude aus mehreren Gründen ab. Die Tatsache, dass der Konzern zu dieser Zeit unter Aufsicht des Amtes für Vermögenskontrolle stand, erlaubte keine baulichen Änderungen ohne Zustimmung des Vorbesitzers Salman Schocken. Ebenso ließe die Materialknappheit solch umfangreiche Umbauten – die Warmluftkanäle unter den Schaufenstern hätten abgeändert werden müssen – derzeit nicht zu. Merkur schlug aber vor, den 4,65 Meter breiten Gehweg um etwa 1,40 Meter zu Gunsten der Straßenbreite zu verschmälern. Damit wäre er mit 3,25 Metern ebenso breit wie der auf der gegenüberliegenden Seite.[30]
In einer Sitzung der Technischen Abteilung des Gemeinderats wurde als allgemeingültige Regelung festgelegt, dass bei allen neuen Bauten die Schaufenster soweit hinter die Baulinie verlegt werden müssten, dass zwischen Gebäudekante und Baulinie noch ausreichend Platz zum Besichtigen der Auslagen sei. Im Bericht über diese Sitzung hieß es: »Wenn wir wieder zu einem wirtschaftlichen Aufstieg kommen, werde in den Hauptstraßen ein außerordentlicher Verkehr einsetzen. Der Gehweg sei dann zum Verkehr da und nicht zum Besichtigen der Schaufenster. Es sei Aufgabe der Ladenbesitzer, den zur Besichtigung notwendigen Platz hinter der Baulinie zu schaffen.«[31] Außerdem wies Oberbaurat Scholl darauf hin, dass die Stadt eine Entschädigung an Merkur zu zahlen

habe, sollte die Eberhardstraße verbreitert werden, es sei denn, es würde »durch eine Änderung der Gesetze eine andere Regelung«[32] eintreten. Die Technische Abteilung beschloss, die Entscheidung über den Bauantrag Merkur zurückzustellen und Verhandlungen über den Kauf der Flächen des Schaufensterbereichs an der Eberhardstraße aufzunehmen. Allen anderen im Baugesuch beantragten Instandsetzungen wurde zugestimmt und die Genehmigung im Dezember 1946 erteilt.

Die meisten Baugenehmigungen wurden in diesem Stadtbereich zu dieser Zeit nur vorläufig oder auf Widerruf erteilt, da die Stadt an der Umsetzung eines Generalbebauungsplans arbeitete und deshalb in diesem Gebiet eine Bausperre verhängt wurde. Lediglich Instandsetzungen und teilweise Provisorien wurden genehmigt, allerdings ohne Rechtsanspruch auf Entschädigung, wenn ein Abriss aus Gründen der Neuplanungen notwendig würde. »Ihr Geschäftshaus steht in einem direkten Zusammenhang mit der ganzen Gestaltung der Altstadt, worüber bekanntlich vor wenigen Monaten ein umfangreicher Wettbewerb ausgeschrieben war und zu einer Entscheidung gebracht wurde.«[33]

Für die Stadt war es rechtlich kaum möglich, ihre Forderung nach Beseitigung der Schaufenster durchzusetzen, da das Gebäude so 1927 genehmigt worden war. »Erwerbsverhandlungen lassen bei der verständlichen ablehnenden Einstellung der Merkur AG unseres Erachtens keinen Erfolg erwarten. Enteignung würde die vorherige Änderung des Stadtbauplanes (Rückverlegung der Baulinie) voraussetzen.«[34] Nach dieser Auskunft des Liegenschaftsamtes an das Baurechtsamt wären die Kosten zur Durchsetzung der Pläne für die Stadt außerordentlich hoch, sowohl bei Enteignung als auch bei Verkauf durch Merkur.

Eine Verhandlung zwischen der Stadt und Merkur am 4. Mai 1948 scheiterte. Merkur war der Meinung, dass eine Straßenverbreiterung noch nicht notwendig sei. Die Stadt machte darauf aufmerksam, dass mit einer Verlegung der Baulinie auf jeden Fall zu rechnen sei und dann keine Entschädigungen für durchgeführte Instandsetzungsarbeiten gezahlt würden.

Der Generalbebauungsplan mit der zurückverlegten Baulinie wurde am 26. Mai 1948 vom Gemeinderat verabschiedet. Vier Wochen später, am 23. Juni 1948, wurde erneut über das Baugesuch Merkur in der Technischen Abteilung beraten. Die baurechtliche Entscheidung sah eine wie oben erwähnte Genehmigung auf Widerruf vor.

Am 18. August 1948 wurde das Aufbaugesetz beschlossen. Es sah vor, dass Grundstückseigentümer eines Aufbaugebietes zehn Prozent ihrer Flächen unentgeltlich für die öffentlichen Planungen abgeben müssten. Was darüber hinaus von der Stadt für die Verwirklichung der Pläne benötigt wird, muss ersetzt werden. Für die Stuttgarter Innenstadt hieß das, nach dem Bebauungsplan cirka 20 Hektar der benötigten 30 Hektar entschädigen zu müssen. Da die Stadt innerhalb der nächsten Jahre dazu nicht in der Lage sein würde, sollten provisorische Bauten so lange genehmigt werden, bis sich die endgültige Bebauung umsetzen ließe. »In der gegenwärtigen Lage müssen wir uns damit abfinden, dass wir unsere Haut mehrmals abwerfen müssen, ehe wir zu einem endgültigen Gewand kommen.«[35]

Das zweite Baugesuch

Im Juni 1951 reichte Merkur ein neues Baugesuch ein. Die Schaufensteranlage, die 1948 aus Holz eingesetzt wurde, sollte nun gegen Metallrahmen mit Metallspiegelglasscheiben ersetzt werden. Außerdem sollte das zweite Obergeschoss an der Steinstraße, das bisher 2,80 Meter hinter der Baulinie lag, bis an die Linie vorgebaut, ein drittes Obergeschoss in einem Winkelabstand von 55 Grad sowohl an der Stein- als auch an der Hirschstraße aufgestockt werden.[36]
Bei der Planung der Erweiterung – jetzt schon durch Egon Eiermann – schlug dieser vor, Erich Mendelsohn von den Änderungen in Kenntnis zu setzen und zu betonen, dass der Charakter des Hauses nicht verändert würde.[37]
Nach wie vor war die Frage des Schaufenstervorbaus nicht geklärt. Mittlerweile hatte Merkur Einspruch gegen den Bebauungsplan erhoben.[38]
Gegen das Baugesuch Merkurs wiederum wurde von der Firma Dinkelacker Einspruch erhoben, da die geplante Aufstockung die zulässige Bauhöhe überschritt. Merkur bat um eine Sonderregelung, da nach dem Bebauungsplan – gegen den sie Einspruch wegen der Baulinie an der Eberhardstraße erhoben hatte – die Steinstraße breiter werden sollte und damit die angestrebten 15 Meter Gebäudehöhe unproblematisch wären.[39]
Nach einem Verständigungsgespräch bei der Stadt im November 1951 zog die Firma Dinkelacker ihren Einspruch zurück unter der Bedingung, dass weder Merkur noch ihre

Rechtsnachfolger Einspruch bei Bauvorhaben von Dinkelacker einlegten, sollten sie ebenfalls so hoch bauen wollen.[40]
Da auch die Bauverständigen keine »ernsten Bedenken in bau- und feuerpolizeilicher Hinsicht«[41] gegen das Bauvorhaben hatten, wurde die Genehmigung am 19. November 1951 erteilt.[42]

Das dritte Baugesuch

Im Mai 1952 reichte Merkur erneut ein Baugesuch ein. Das Kaufhaus sollte nun in Richtung Milchstraße erweitert werden. Dabei würde die Fassade an der Steinstraße um fünf, die an der Hirschstraße um fünfzehn Meter verlängert werden. »Die Fassaden werden in der gleichen Form und mit demselben Material ausgeführt, wie die jetzt Vorhandenen.«[43]
Die notwendigen Grundstücke hatte Merkur erworben, um sie gegen den Straßenbereich der Geißstraße tauschen zu können. Dafür musste Merkur an der Baulandumlegung der inzwischen gegründeten Aufbaugemeinschaft Hirsch-, Nadler-, Stein- und Milchstraße teilnehmen. Auch gegen dieses Baugesuch erhoben Nachbarn Einspruch, da der Bebauungsplan noch nicht genehmigt war und der Anbau über die bisher angegebene Baulinie hinausging.
Auf Grund dieser Ausweitungswünsche Merkurs musste also der Bebauungsplan geändert werden. Die Hirschstraße sollte danach für den Fahrverkehr gesperrt und mit einer Treppenanlage die Eberhardstraße mit der Milchstraße verbunden werden. Die Einmündung der Steinstraße in die Geißstraße sollte großzügig gerundet werden, um den Anlieferverkehr zu ermöglichen.
Dieser neue Bebauungsplan wurde am 31. Oktober 1952 vom Regierungspräsidium Nord-Württemberg genehmigt. Er wurde jedoch nicht rechtskräftig, da verschiedene Mitglieder der Aufbaugemeinschaft ebenso wie Merkur – der Schaufenstervorbau und der runde Treppenhausturm lagen außerhalb der Baulinie – Einspruch erhoben hatten.
Die Aufbaugemeinschaft erarbeitete mit Unterstützung von Vermessungsingenieur Roller verschiedene Vorschläge für die Baulandumlegung in ihrem Block, die Grundlage für eine neue Bebauungsplanänderung am 22. Juni 1954 wurden.

Am 6. Februar 1953 bat Merkur, ihr Baugesuch zurückzustellen[44], um die notwendigen Grunderwerbsverhandlungen führen zu können.
Das Liegenschaftsamt wurde im Dezember von Oberbürgermeister Klett aufgefordert, umgehend mit Merkur über die Grundstückskäufe zu verhandeln.[45]
Im Februar 1954 – nach 21 Monaten – wurde das Baugesuch in den Ämtern weiterbearbeitet. In den Kommentaren der Bauämter stand unter anderem, dass Merkur sich im Falle einer Genehmigung verpflichten müsse, den geänderten »Bebauungsplan einschließlich der Baulinie entlang der Eberhardstraße«[46] – unter Wegfall des Schaufenstervorbaus und des Treppenhausturmes – anzuerkennen. Die Forderung basierte auf einer Sitzung der Technischen Abteilung des Gemeinderats am 7. November 1951, in der eine Änderung des Bebauungsplans nach der Vorlage von Erweiterungsplänen für das Kaufhaus Merkur in Aussicht gestellt wurde[47]. Das Baugesuch vom Mai 1952 entspreche nicht in allen Details den Vorab-Plänen Eiermanns und sollte deshalb dahingehend noch verändert werden. Vor allem auf den Einbau der Arkaden an der Ecke Stein-/Milchstraße müsse bestanden werden.[48]
Im Juni 1954 waren dann die Tauschverhandlungen über die relevanten Grundstücke zwischen Stadt und Merkur abgeschlossen[49] und ein neuer Bebauungsplan verabschiedet.[50]

Das vierte Baugesuch

Merkur beantragte kurzfristig, die Eingänge an der Eberhardstraße, die nach dem Krieg nur behelfsmäßig erstellt worden seien, durch Leichtmetall eloxierte Türen zu ersetzen. Außerdem sollten noch bestehende Kriegsschäden beseitigt werden. Das Baurechtsamt hatte zu diesem Antrag keine Bedenken.[51]
Bei einer Besprechung am 15. Dezember 1954 beim Baurechtsamt gab die Merkur AG ihr Einverständnis, den Vorbau an der Eberhardstraße abreißen und Arkaden einbauen zu lassen, wenn es ihr gelingen sollte, weitere Grundstücke an der Milchstraße zu erwerben, um den geplanten Anbau weiter zu vergrößern. Diese Wünsche Merkurs standen im Widerspruch zu den Plänen der Aufbaugemeinschaft. Vermessungsingenieur Roller hatte am 22. Dezember 1954 den Zuteilungsentwurf für das Gebiet bei

den zuständigen Ämtern zur Prüfung vorgelegt.[52] Merkur hielt aber an ihren Überlegungen fest und wollte mittlerweile in Richtung Schusterstraße erweitern. Das Baurechtsamt sah dafür nach wie vor nur geringe Chancen, da die Verhandlungen der Aufbaugemeinschaft zur Baulandumlegung bereits weitgehend beendet waren. Merkur wollte dennoch in Gespräche mit der Aufbaugemeinschaft eintreten und versuchte von der Stadt zu erfahren, was geschehe, sollte es zu einer Einigung kommen. Sechs Wochen später sah die Situation gar nicht mehr so abwegig aus. Die Konsumgenossenschaft, der die Grundstücke an der Milchstraße mehrheitlich gehörten, war einem Verkauf beziehungsweise einem Tausch nicht abgeneigt.[53] Auch die Stadt war in diesem Block vertreten und verlangte ein gleichwertiges Tauschgrundstück. Sie hatte sich aber immer noch nicht geäußert, ob sie eine entsprechende Erweiterung Merkurs genehmigen würde. Der Bebauungsplan müsste erneut geändert werden.
Merkur sah die Möglichkeit einer größeren Ausweitung in Richtung Geißstraße als Entschädigung für den Abriss des Schaufenstervorbaus an der Eberhardstraße und den damit verbundenen Verlust an Verkaufsfläche. Diesen Handel lehnte die Stadt jedoch ab, da bereits die erste Erweiterungsstufe von 1951 als Entschädigung ausgehandelt worden war. Die Stadt war laut einer Besprechungsnotiz vom 2. Mai 1955 mit Änderungen des Bebauungsplans nur unter der Bedingung einverstanden, »wenn keine neuen oder besonderen Forderungen auf die Stadt zukommen«.[54] Dazu schrieb auch Obervermessungsrat Roth: »Ich habe den Eindruck, die städtischen Ämter sollten mit gemäßigtem Optimismus die von Merkur gewünschte Bebauungsplanänderung verfolgen, wie dies bei der Verhandlung am 3.5.1955 unter dem Vorsitz des Herrn Oberbürgermeisters zum Ausdruck kam. Der Tenor des Aktenvermerks sollte meines Erachtens entsprechend gewählt werden.«[55]
Sollten die Tauschverhandlungen zu einem positiven Ergebnis führen, wollte die Stadt die erneuten Bebauungsplanänderungen, von der Aufbaugemeinschaft und dem Büro Eiermann gemeinsam erarbeitet, prüfen. Wichtige Bedingung war, dass die Reichsgaragenordnung für das Aufbaugebiet auf den eigenen Grundstücken erfüllt werden müsste. Merkur fand es als unzumutbar, für das bisherige Kaufhaus auch Parkplätze nachweisen zu müssen.[56]
Obervermessungsrat Roth betonte, dass die Stadt die Erweiterungswünsche Merkurs vor allem aus dem Grund gefördert habe, dass sich Merkur auch am Parkierungs-

bauwerk für dieses Gebiet beteiligen wolle. Wenn das nicht mehr der Fall sei, entfielen alle Gründe einer Förderung. Die Ämter befürchteten, »dass bei Änderung des Bebauungsplans in der vorgezeigten Weise die Stadt mit nur geringen Gegenleistungen von Merkur rechnen kann«[57].
In einer Besprechung zwischen Robert Hilgers, Mitarbeiter im Architekturbüro Eiermann, und Baudirektor Scholl über die neuen Erweiterungswünsche Merkurs wurde vor allem darauf hingewiesen, dass es sich bei den Plänen »um einen völligen Umbau der bisherigen Fassade handelt«[58]. Die Entwurfsskizzen sollten vom Tiefbauamt und vom Planungsamt geprüft werden. »Sobald feststeht, welches Ausmaß die Ausweitung des Kaufhauses Merkur annehmen kann, werden von dort aus die notwendigen Kauf- und Tauschverhandlungen aufgenommen werden, um zu prüfen, inwieweit das Projekt verwirklicht werden kann und um festzustellen, ob die dadurch bedingte Bebauungsplanänderung und Bodenneuordnung ohne Einsprüche der Beteiligten auf freiwilliger Basis möglich ist.«[59]
Der nun vorgesehene Einbau von Arkaden an der Eberhardstraße hinter der Baulinie wurde von der Stadt sehr begrüßt.[60]
Mitte Juli 1955 fand erneut eine Besprechung zwischen allen Beteiligten statt. Die Stadt legte Pläne vor, die eine Lösung der Garagen- und Anlieferverkehrsprobleme zeigen sollten. Bei der Aufbaugemeinschaft fanden sie jedoch keine Zustimmung. Sowohl Aufbaugemeinschaft als auch Merkur waren bereit, die notwendigen Parkplätze zu schaffen, Merkur jedoch nur für den projektierten Erweiterungsbau. Die Ämter wollten weiterhin sichergestellt sehen, dass die Bebauungsplanänderung nicht zu neuen Einsprüchen oder sonstigen Problemen für die Stadt führen würde.
Im Dezember 1955 waren laut einem Schreiben von Merkur an den Leiter der ZAS, Walther Hoss, alle notwendigen Zustimmungen der Aufbaugemeinschaft zum Bebauungsplan erbracht. Merkur bat nun darum, dass der Plan aufgestellt und genehmigt würde. Merkur wandte sich auch an Klett mit der Bitte, die jetzt vorliegenden, geänderten Umlegungspläne der Aufbaugemeinschaft zu unterstützen. Die Stadt konnte sich jedoch mit diesem Vorschlag nicht einverstanden erklären, da neben einem bebaubaren Grundstück der Stadt nur noch zwei nicht bebaubare Restflächen zugeteilt werden sollten. Außerdem fehlte der Stadt die Einverständniserklärung der Aufbaugemeinschaft zum Bebauungsplan. Die Zustimmung zum Umlegungsplan könne nicht gleich-

zeitig als Zustimmung zum Bebauungsplan gewertet werden. Erst wenn dieser genehmigt sei, könne an die Baulandumlegung gedacht werden.

Das fünfte Baugesuch

Dieses Baugesuch reichte Merkur am 18. März 1957 ein. Darin wurden die 1955 und 1956 verhandelten Ergebnisse berücksichtigt. Die Kosten wurden mit etwa 800.000 DM für den Umbau des Bestands und 2,2 Millionen DM für die Erweiterung veranschlagt. Dazu kämen noch die Kosten für den im Altbau zusätzlich gewonnen Raum mit 1,7 Millionen DM; zusammen rund 4,7 Millionen DM.

Im Altbau sollten sämtliche Treppen abgerissen, durch neue Treppenhäuser ersetzt und eine Rolltreppe eingebaut werden. Der Innenhof werde zur Schaffung größerer Verkaufsflächen überbaut. Das Gebäude sollte um ein viertes Vollgeschoss und ein fünftes, zurückgesetztes Geschoss aufgestockt werden. »An der Eberhardstraße werden die alten Schaufenster abgebrochen und eine Passage gebaut, die auch wesentlich für den Abbruch des Ecktreppenhauses bestimmend war.«[61]

Die alten Fassaden sollten völlig abgebrochen und durch eine vorgehängte Leichtmetallfassade ersetzt werden, »die einheitlich um den Altbau und den Neubau geführt wird«[62].

Gegen dieses Baugesuch wurde im Juni 1957 mehrfach Einspruch erhoben, da die Erweiterung zwar dem neuen Bebauungsplan entsprach, dieser aber noch nicht genehmigt war. Die betroffenen Grundstücksbesitzer konnten somit noch nicht sicher sein, dass die Umlegung ihre Interessen tatsächlich berücksichtigte. Außerdem waren zwar die Tauschverhandlungen beendet, die Verträge jedoch noch nicht abgeschlossen.

Im Juli 1957 wurde der neue Bebauungsplan vorgestellt, worin auch – wie die Stadt betonte, auf Wunsch Merkurs – die Baulinie an der Steinstraße begradigt wurde.

Die Stadt und die Aufbaugemeinschaft legten in einer Besprechung unter anderem fest, dass das Bauvorhaben Merkur in Zukunft von den Planungen der Aufbaugemeinschaft losgelöst bearbeitet werden soll.[63]

Mit einem Schreiben vom 1. August 1957 zog die Firma Dinkelacker ihren erneuten Einspruch gegen das Baugesuch Merkur zurück. Eine Woche später teilte Egon Eiermann dem Baurechtsamt mit, dass Dinkelacker plane, die Hirschstraße zu überbauen und die Nutzung der Räume Merkur angeboten habe. Die Verhandlungen darüber seien im Gange.[64] Die Stadt war von dieser Variante nicht überzeugt, da »die stadtgestalterische Auswirkung der Überbauung« keinesfalls so sei, »dass sie vom planerischen Standpunkt aus besonders zu fördern wäre«[65]. Walther Hoss wollte die Aufmerksamkeit Merkurs lieber auf den Block der Aufbaugemeinschaft lenken.

Anfang 1958 betonte Helmut Horten, dass eine Nutzung der Räume bei Dinkelacker nicht länger interessant wäre, da die geplanten Erweiterungen ausreichend Platz bieten würden.[66]

In vielen Besprechungen ging es ab 1957 um die Frage der Art und Gestaltung des Parkierungsbauwerks. Über die Neuordnung im Baugebiet erklärte Hoss 1957 unter anderem, dass seiner Meinung nach die Stadt durchaus bereit sei, in diesem dem Rathaus benachbarten Bebauungsgebiet sowohl Grundeigentum zur Verfügung zu stellen, als auch verschiedene Bauvorhaben mitzufinanzieren, um einen möglichst raschen Aufbau in einem Gebiet nahe der »Repräsentation« zu ermöglichen.[67] Später wurde eine finanzielle Unterstützung beim Bau einer Garage durch die Stadt abgelehnt. Architekt Hilgers lehnte einen direkten Anbau der Garage an das Kaufhaus Merkur ab.[68]

Die Aufbaugemeinschaft stimmte im Januar 1958 dem Bau einer Rampengarage nach den Plänen der ZAS zu, sodass der Ausarbeitung des Bebauungsplans nun nichts mehr im Wege stand.[69] Die Einsprachen gegen das Baugesuch Merkur wurden nach und nach zurückgezogen, da die notwendigen Kauf- und Tauschverträge abgeschlossen waren. Das Ziel, nun möglichst schnell mit dem Bau beginnen zu können, schien greifbar.

Am 4. Februar 1958 fand in Düsseldorf eine Besprechung zwischen Helmut Horten und Egon Eiermann statt. Danach schlug Horten den Abriss des bestehenden Kaufhauses und einen völligen Neubau vor, obwohl endlich alle noch offenen Fragen zum Um- und Erweiterungsbau geklärt worden waren. Horten begründete seinen Vorschlag damit, dass alle bisherigen Pläne keine ihn zufriedenstellende Lösung gebracht hätten. Die Mehrkosten für den Neubau würden 2 bis 2,5 Millionen DM betragen. Das Büro Eiermann wurde beauftragt, neue Pläne auszuarbeiten, gegenüber den Beteiligten aber noch nichts verlauten zu lassen.

Im Mai 1958 wurde eine Weiterbearbeitung des Baugesuchs – noch zum Um- und Erweiterungsbau – durch die Ämter mit der Begründung abgelehnt, es stünde im

Widerspruch zu dem im Entwurf vorliegenden neuen Bebauungsplan. Daraufhin erhob Merkur vorsorglich Einspruch gegen den Plan, da die Baupläne Merkurs seit März 1957 existierten und der neue Entwurf zu große Beeinträchtigungen beinhalte.
Die Mitglieder der Aufbaugemeinschaft hatten dem neuen Vorschlag zugestimmt. Mitte Juni 1958 wurde der neue Bebauungsplan vorgelegt, in ihm waren auch die geplanten Erweiterungen Merkurs bis zur Milchstraße berücksichtigt worden. Die Baulinie an der Steinstraße wurde begradigt und an der Eberhardstraße Arkaden ins Gebäude eingelegt, sodass lediglich ein Schrammbord bleiben sollte.

Das sechste Baugesuch

In dem am 16. Juni 1958 eingereichten Baugesuch von Merkur war von einem ausschließlichen Neubau noch immer keine Rede gegenüber der Stadt.
Gründe für das Scheitern der vorläufigen Baugenehmigung 1958 – diese war trotz des noch nicht gültigen Bebauungsplans in Aussicht gestellt worden – sah Hoss im Auseinanderbrechen der Aufbaugemeinschaft im Juli 1958. Nunmehr würde erst recht keine Einigung in der Baulandumlegung erzielt, da jetzt von einzelnen Grundstückseigentümern dieses Gebiets Einspruch gegen den Bebauungsplan und damit auch gegen die Erweiterungen Merkurs erhoben wurde. Die Stadt sei nun bemüht, wenn alle Einsprüche geklärt wären, jede weitere Planänderung zu vermeiden.[70]
Merkur wurde daraufhin gebeten, ihr Baugesuch noch einige Zeit zurückzustellen, bis die Fragen mit den Grundstücksbesitzern geklärt seien, wenn Merkur nicht Gefahr laufen wolle, nachträglich Änderungen durchführen zu müssen.[71] Egon Eiermann schlug Direktor Hermann Eckelmann von der Geschäftsleitung der Merkur AG vor, beim Bürgermeister Schritte zu unternehmen, »um den schleppenden Gang der Angelegenheit zu beschleunigen und die Sache endlich zu einem Abschluss zu bringen. Bei den zuständigen Stellen der Stadt zeigt sich immer deutlicher die Neigung, die Neugliederung des gesamten Baukomplexes einseitig auf Kosten der Firma Merkur zu betreiben.«[72]
Anfang Dezember 1958 wurde Merkur aufgefordert, neue Baugesuchspläne nach dem aktuellen Bebauungsplan anzufertigen und einzureichen.

Erstmals Ende Januar 1959 erklärte Horten auch gegenüber der Stadt, den Altbau abreißen zu wollen.
Kaum war die Absicht zum Abriss ausgesprochen, begannen erneute Gespräche mit der Stadt über die Breite der Eberhardstraße. Sie sollte nun großzügig geplant werden, was auch oder vor allem im Sinne Hortens war, weil bei einer größeren Straßenbreite auch entsprechend höher gebaut werden könne.
Aus einem Schreiben an Arnulf Klett vom Mai 1959 geht hervor, dass Horten der Entschluss schwergefallen war, die Front in der Eberhardstraße weiter zurückzunehmen. Die Werbewirksamkeit des Hauses werde dadurch in der Sicht vom Wilhelmsbau aus stark beeinträchtigt.[73] Außerdem würde auch ein Verlust von 870 Quadratmetern Nutzfläche im Vergleich zu den Umbauplänen von 1957 hinzukommen. Falls Horten jedoch in den Fragen der Verschiebung der Front der Eberhardstraße zugunsten einer Verbreiterung nach den Forderungen der Stadt nachgeben sollte, so würde erwartet, »dass die damit erreichte Verbreiterung der Eberhardstraße um 7,40 Meter Ihnen und Ihren Herren die Möglichkeit gibt, unsere übrigen Bauwünsche in den städtischen Gremien und bei der Aufsichtsbehörde erfolgreich zu vertreten«[74]. Damit sollte auch ein Ende der Diskussionen um die Höhe des Neubaus erreicht und eine Abtreppung der Geschosse nach hinten vermieden werden.[75]

Das siebte Baugesuch

Am 4. Mai 1959 reichte Merkur das siebte Baugesuch ein. Der Bebauungsplan wurde daraufhin im Bereich der Eberhardstraße nochmals verändert. Am 16. Juni 1959 wurde der Antrag auf Abriss des Kaufhaus Schocken von Horten gestellt. Die Abbrucharbeiten sollten schon am 1. August beginnen.
Die Fachschaft Architektur der Technischen Hochschule Stuttgart beantragte am 17. August 1959 beim Denkmalrat, den Schocken in die Liste der denkmalgeschützten Bauwerke aufzunehmen. Vorausgegangen waren öffentliche Diskussionen um den Erhalt des Gebäudes, sowie eine Welle des Protests aus dem In- und Ausland gegen den geplanten Abriss. Die städtischen Ämter und Horten erarbeiteten Übersichten über die Planungen und Verhandlungen der vergangenen vierzehn Jahre, um ihre Ent-

scheidung vor der Öffentlichkeit und dem Regierungspräsidium Nord-Württemberg zu begründen. Der Schocken wurde vom Denkmalrat zwar als »erhaltungswürdig« eingestuft, jedoch als nicht erhaltungsmöglich.
Noch während der Verhandlungen beim Regierungspräsidium wurde der Bauantrag Hortens vom Baurechtsamt weiter bearbeitet. Es fanden weiterhin Gespräche zur Klärung der noch offenen Fragen bezüglich Parkplätzen und anderem statt.[76] Auch Hoss wollte die Angelegenheit schnell bearbeiten und zu Ende bringen, machte jedoch darauf aufmerksam, dass das Regierungspräsidium erst die endgültige Genehmigung aussprechen müsse und seine Abteilung nur vorbereitend tätig sein könne.[77]

Am 2. Mai 1960 wurde mit dem Abriss des Kaufhauses Schocken begonnen.

1946 1947 1948 1949 1950 1951 1952 1953 1954

19.11.1951 Genehmigung der Aufstockung

20.7.1951 Genehmigung der Schaufenster auf Widerruf

2.7.1951 2. Baugesuch

4.11.1946 1. Baugesuch

23.6.1948 Genehmigung auf Widerruf

15.5.1952 3. Baugesuch

Verhandlungen

zurückgestellt

20.10.1951 Einspruch Dinkelacker zurückgenommen

Einsprüche der Nachbarn

24.11.1952 Einsprüche der Nachbarn wegen geringer Bauhöhe und Bautiefe (2 Geschosse, 8 m Tiefe)

Einspruch Merkur wegen Baulinie Eberhardstraße (entfällt, wenn Erweiterung Richtung Geißstraße möglich wird)

Änderungsvorschläge der Aufbaugemeinschaft

26.5.1948 Generalbebauungsplan dem Gemeinderat vorgelegt

31.10.1952 Generalbebauungsplan vom Regierungspräsidium genehmigt

30.5.1952 Änderung

8.7.1952 Änderung
Verbreiterung Eberhardstraße,
Rundung Ecke Stein-/Geißstraße
Treppenturm und Schaufenster liegen außerhalb der Baulinie,
Anbau Geißstraße

12.11.1951 Änderung nach Plänen Merkur möglich

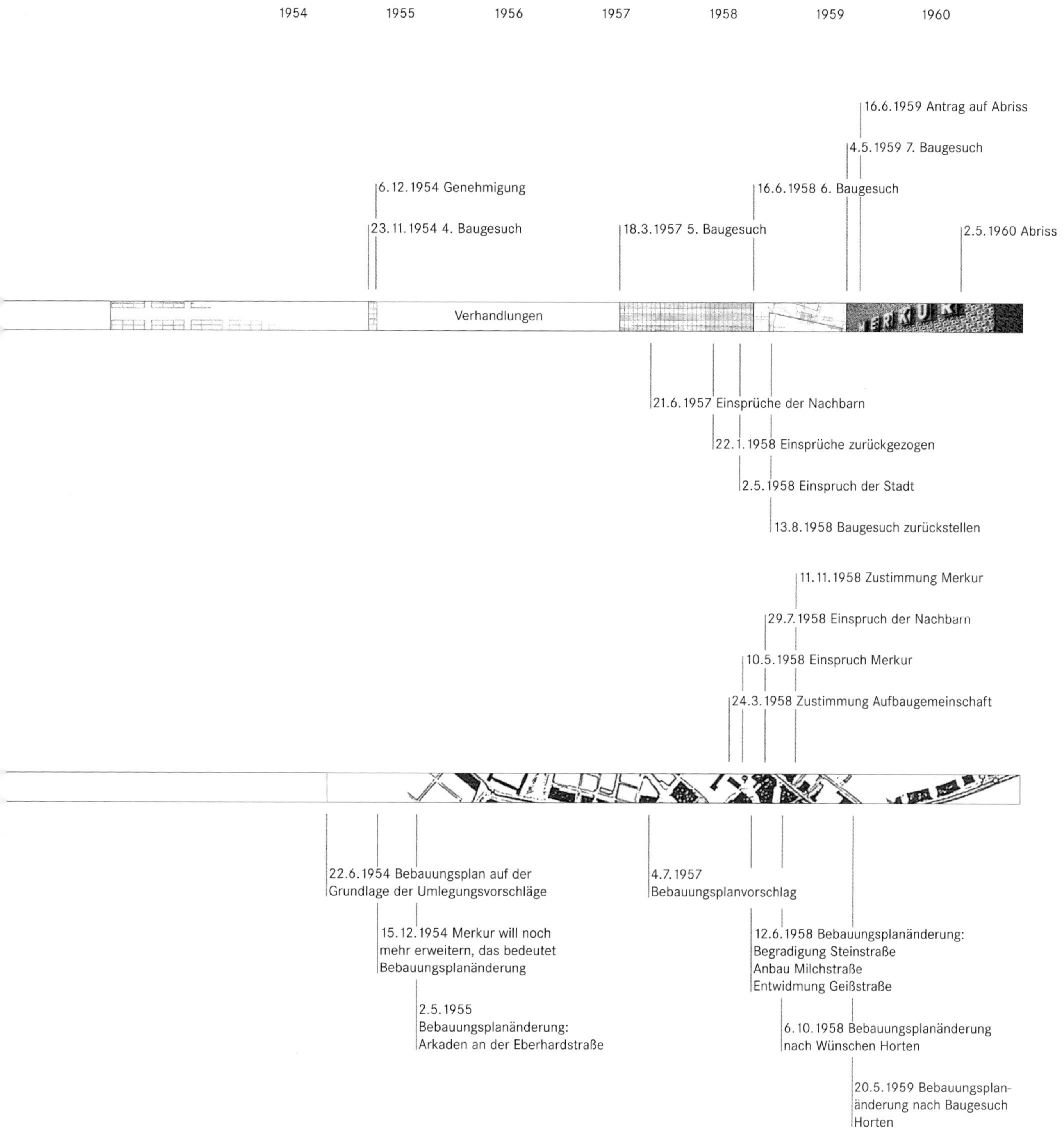
1954
1955
1956
1957
1958
1959
1960
16.6.1959 Antrag auf Abriss
4.5.1959 7. Baugesuch
6.12.1954 Genehmigung
16.6.1958 6. Baugesuch
23.11.1954 4. Baugesuch
18.3.1957 5. Baugesuch
2.5.1960 Abriss
Verhandlungen
MERKUR
21.6.1957 Einsprüche der Nachbarn
22.1.1958 Einsprüche zurückgezogen
2.5.1958 Einspruch der Stadt
13.8.1958 Baugesuch zurückstellen
11.11.1958 Zustimmung Merkur
29.7.1958 Einspruch der Nachbarn
10.5.1958 Einspruch Merkur
24.3.1958 Zustimmung Aufbaugemeinschaft
22.6.1954 Bebauungsplan auf der Grundlage der Umlegungsvorschläge
4.7.1957 Bebauungsplanvorschlag
15.12.1954 Merkur will noch mehr erweitern, das bedeutet Bebauungsplanänderung
12.6.1958 Bebauungsplanänderung: Begradigung Steinstraße Anbau Milchstraße Entwidmung Geißstraße
2.5.1955 Bebauungsplanänderung: Arkaden an der Eberhardstraße
6.10.1958 Bebauungsplanänderung nach Wünschen Horten
20.5.1959 Bebauungsplanänderung nach Baugesuch Horten

21 Der Schocken 1960

22 Der Schocken: die Fassade aus dunkelrotem Eisenklinker und hellem Cannstatter Travertin

23 Der Mendelsohn-Bau im Wandel: Der Schocken-Schriftzug an der Eberhardstraße wurde entfernt und ersetzt durch »Kaufstätte Merkur« am Treppenhausturm

24 Die Fassade an der Geißstraße kurz vor dem Abriss 1959

25 Der Denkmalrat beim Ortstermin 1959 auf dem Dach des Mendelsohn-Baus

26 Skizzen von Egon Eiermann zur Fassade des Warenhauses Merkur

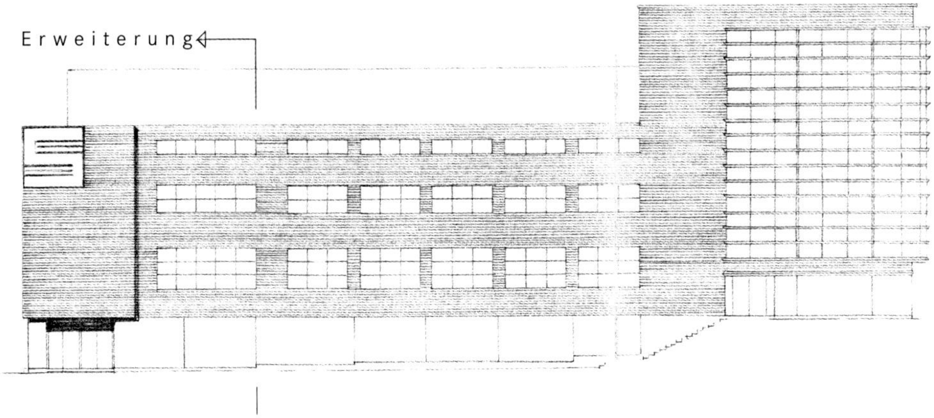

27 Der Wandel in den Baugesuchen am Beispiel der Fassade an der Hirschstraße, Baugesuch 1951, M 1:500

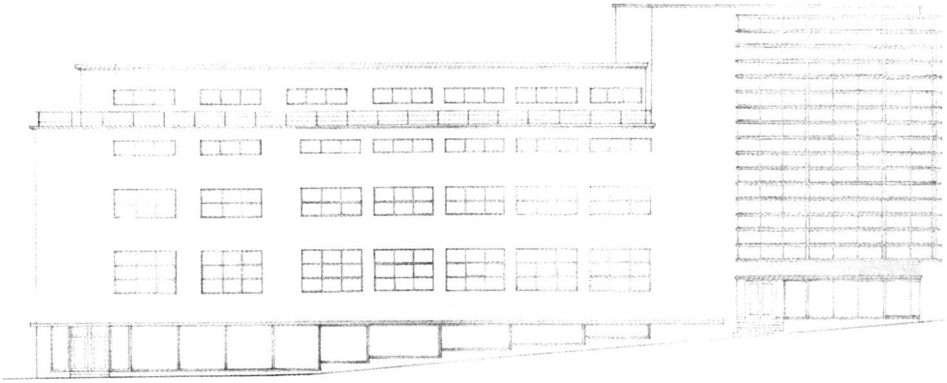

28 Die letzten beiden Fensterachsen sind schon der Anbau. Ansicht Hirschstraße, Baugesuch 1952, M 1:500

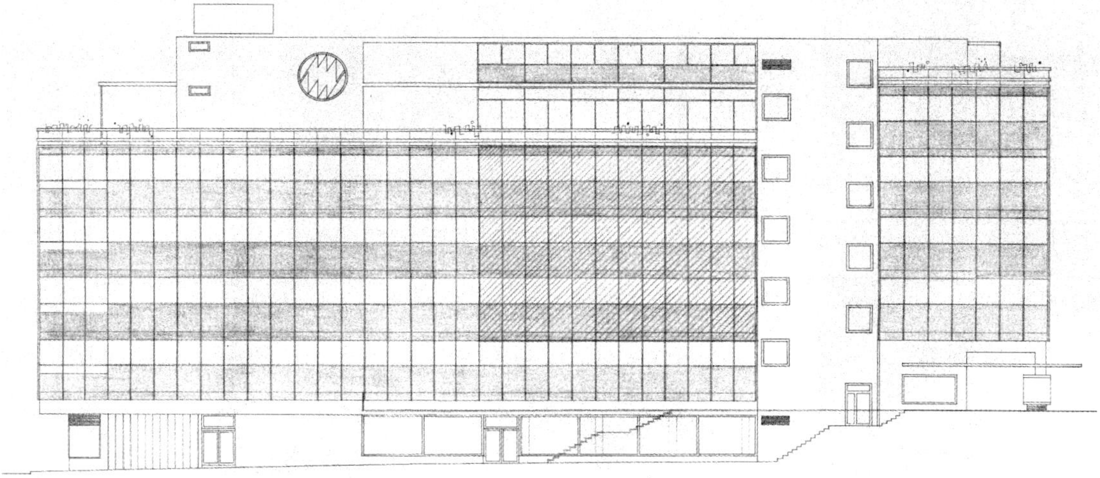

29 Der alte Baukörper ist noch erhalten, aber mit einer neuen Hülle überzogen. Ansicht Hirschstraße, Baugesuch 1957, M 1:500

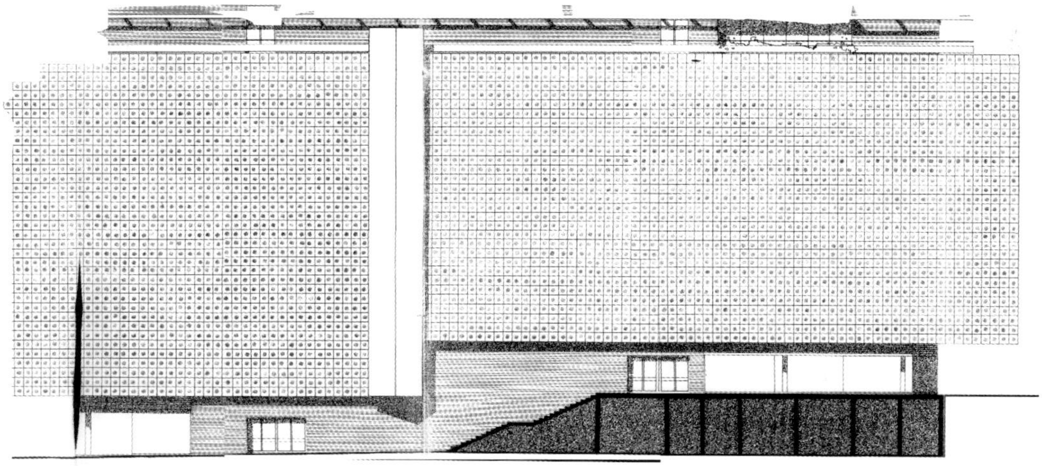

30 Der Neubau: Ansicht Hirschstraße, Baugesuch 1959, M 1:500

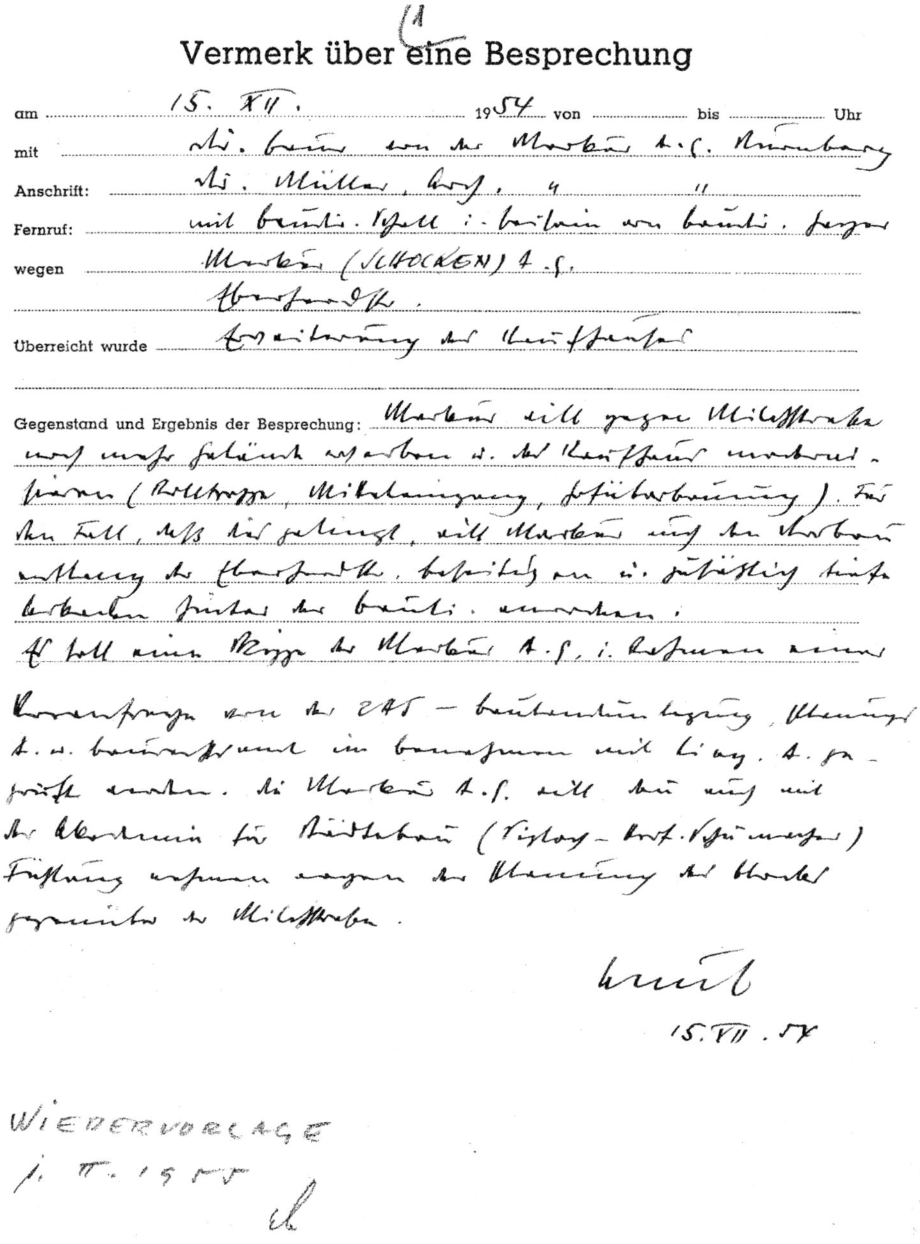

Vermerk über eine Besprechung

am 15. XII. 1954 von ... bis ... Uhr

mit

Anschrift:

Fernruf:

wegen

Überreicht wurde

Gegenstand und Ergebnis der Besprechung:

15. XII. 54

WIEDERVORLAGE

1. II. 1955

31 In diesem Vermerk über eine Besprechung vom 15. 12. 1954 stimmt Horten erstmals dem Abriss der Schaufenster zu

Vermerk über eine Besprechung

am 15.12.1954
mit Direktor Bauer von der Merkur AG Nürnberg,
Direktor Müller,
mit Baudirektor Scholl im Beisein von Baudirektor Heyer
wegen Merkur (Schocken) AG
Eberhardstraße
Erweiterung des Kaufhauses

Gegenstand und Ergebnis der Besprechung: Merkur will gegen Milchstraße noch mehr Gelände erwerben und das Kaufhaus modernisieren (Rolltreppe, Mitteleingang, Hofüberbauung). Für den Fall, dass dies gelingt, will Merkur auch den Vorbau entlang der Eberhardstraße beseitigen und zusätzlich tiefe Arkaden hinter der Baulinie ansetzen. Es solle eine Skizze der Merkur AG im Rahmen einer Voranfrage der ZAS-Baulandumlegung, Planungsamt und Baurechtsamt im Benehmen mit Liegenschaftsamt geprüft werden.
Die Merkur AG will nun auch mit der Akademie für Städtebau (Siegloch – Prof. Schuhmacher) Fühlung nehmen wegen der Planung des Blockes gegenüber der Milchstraße.

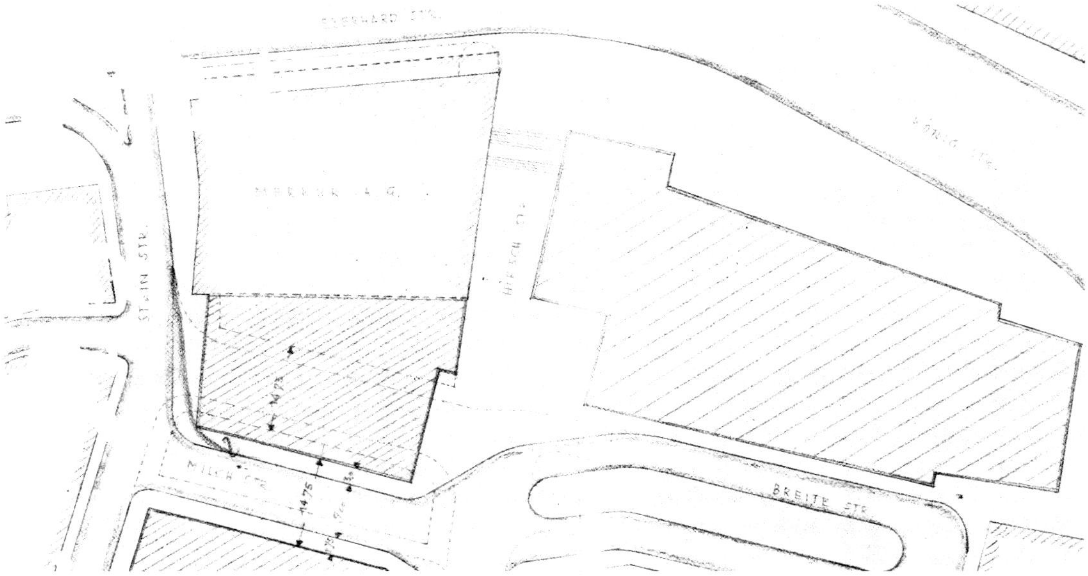

32 Die Erweiterung und die Straßenführung wurden diskutiert. Das Büro Eiermann arbeitete verschiedene Möglichkeiten aus. Lageplanvorschlag A vom 21.5.1955, M 1:1250

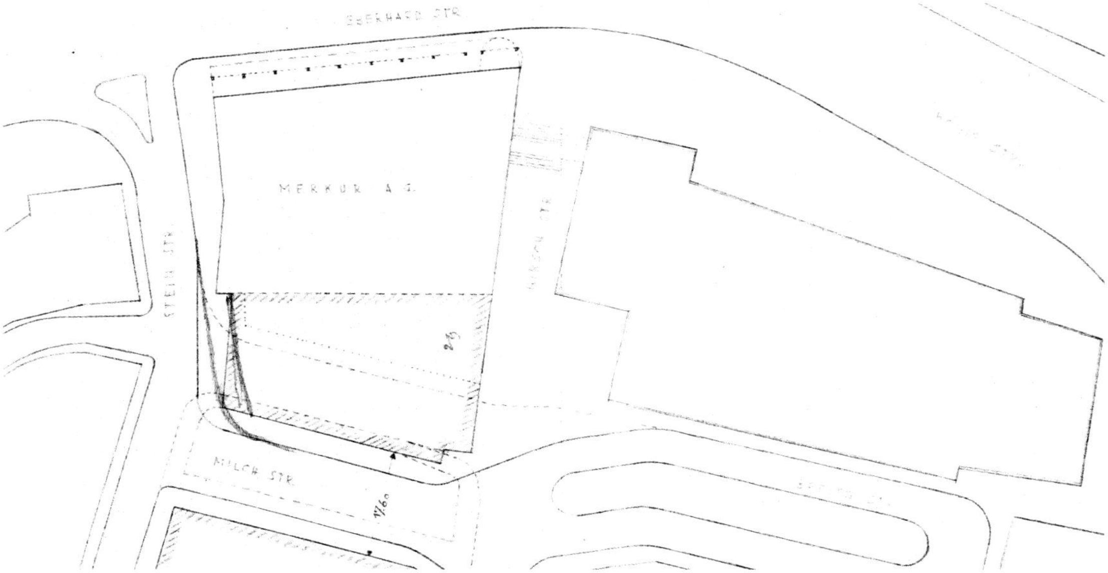

33 Lageplanvorschlag B vom 14.5.1955, M 1:1250

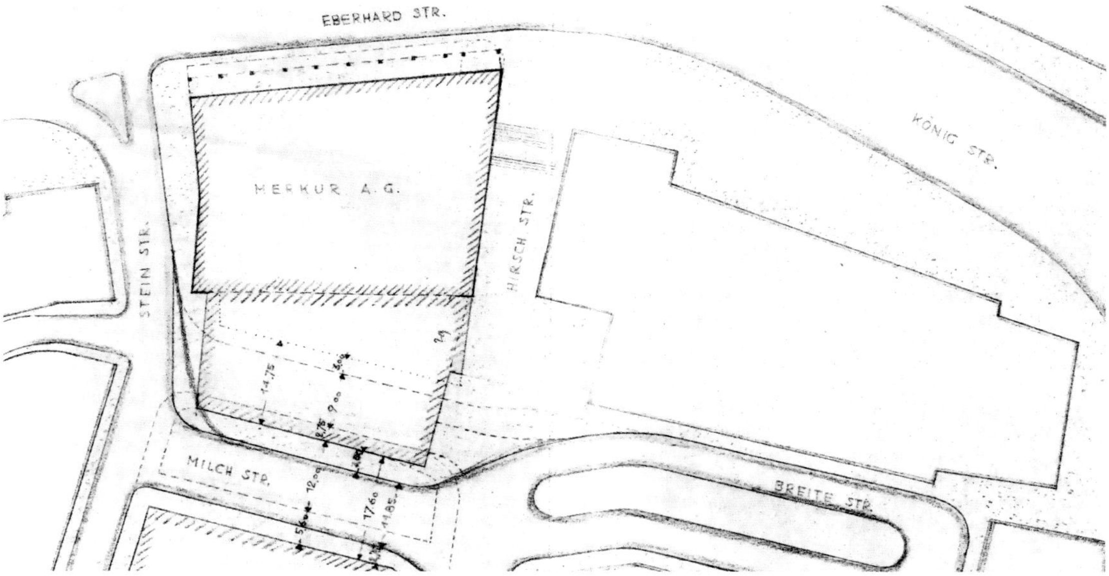

34 Lageplanvorschlag C vom 13. 5. 1955, M 1:1250

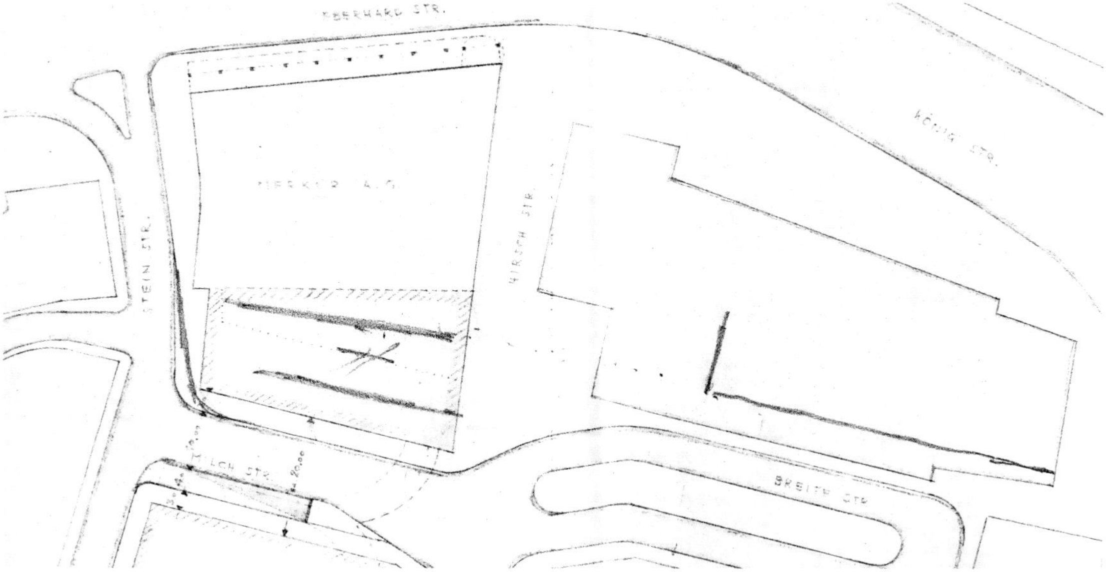

35 Lageplanvorschlag D vom 17. 5. 1955, M 1:1250

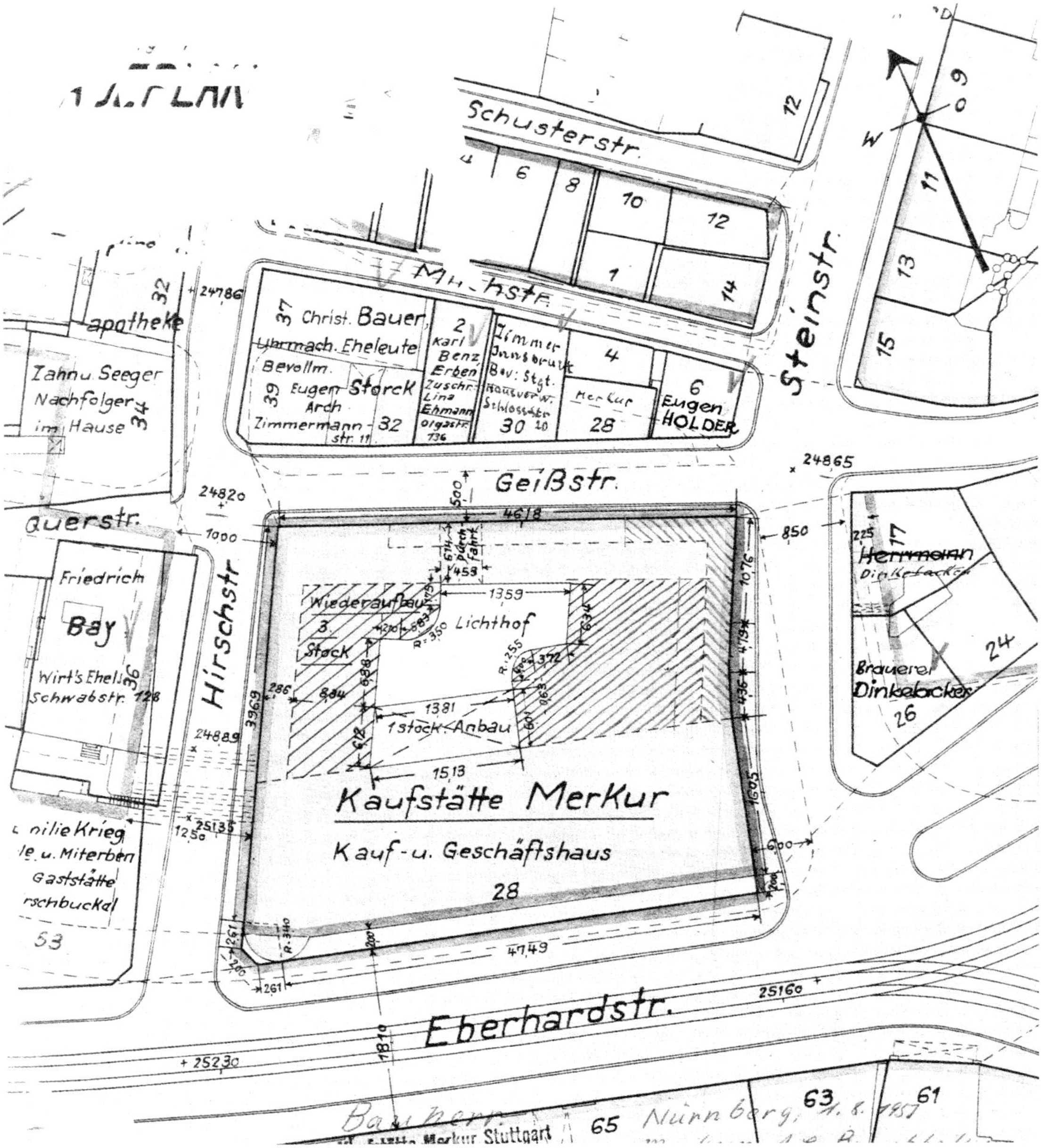

36 Der Lageplan vom 9.8.1951 zeigt schon den Verlauf der neuen Baulinie unter Wegfall der Schaufenster, quer durch den Treppenhausturm. Gestrichelt kann man die neuen Straßenführungen hinter dem Kaufhaus Merkur erkennen

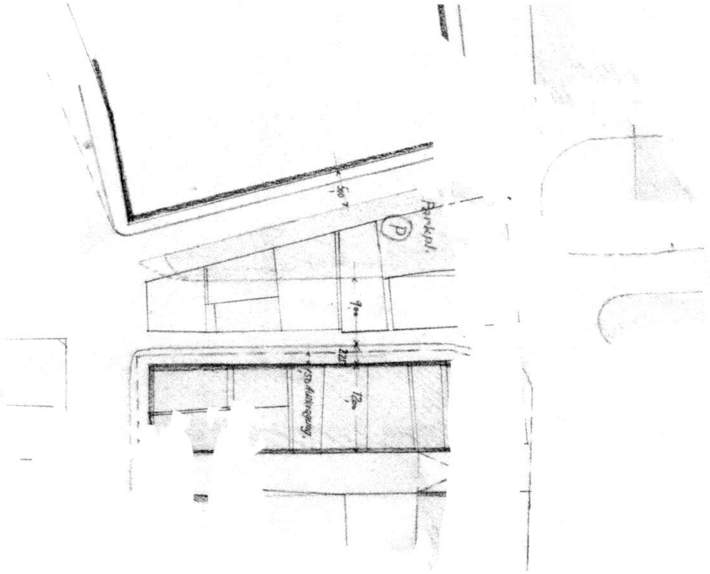

37 Skizze der ZAS zum Bebauungsplan, der so von der Technischen Abteilung am 30. 5. 1952 beschlossen wurde

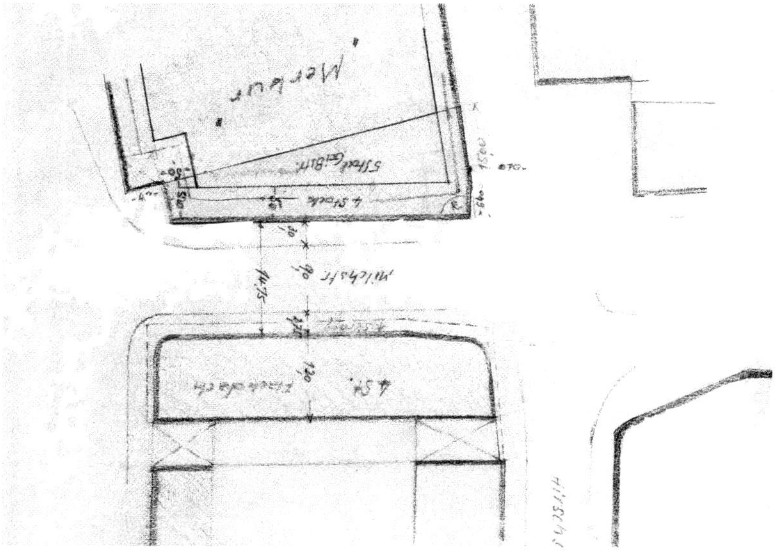

38 Skizze der ZAS vom 30. 5. 1952 zur Bebauungsplanänderung durch die Erweiterungswünsche der Merkur AG

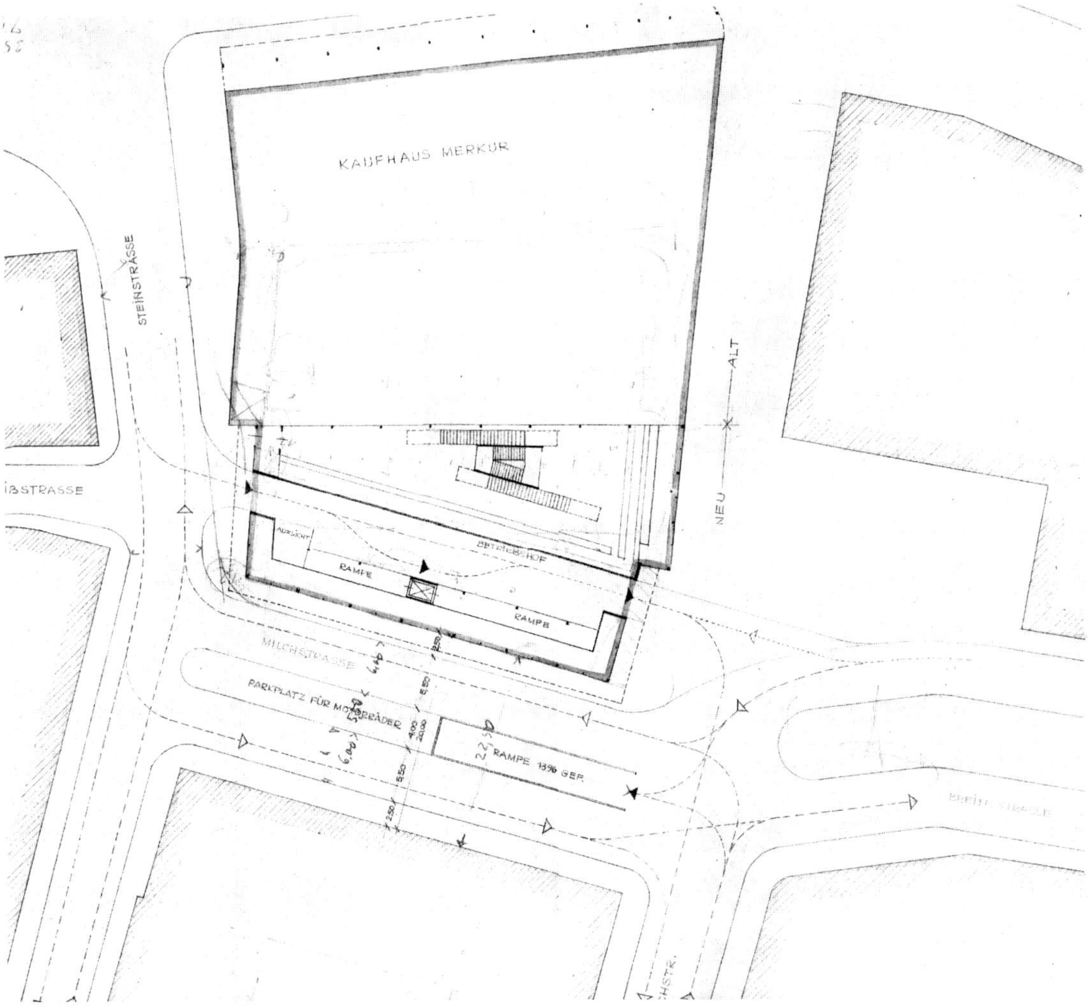

39 Der Lageplan vom 7. 6. 1955 zeigt schon die Erweiterung über den gesamten Block an der Geißstraße und den Einbau der Arkaden an der Eberhardstraße. Der Verlauf der Steinstraße wurde begradigt, die Fassade knickt noch ab. M 1:750

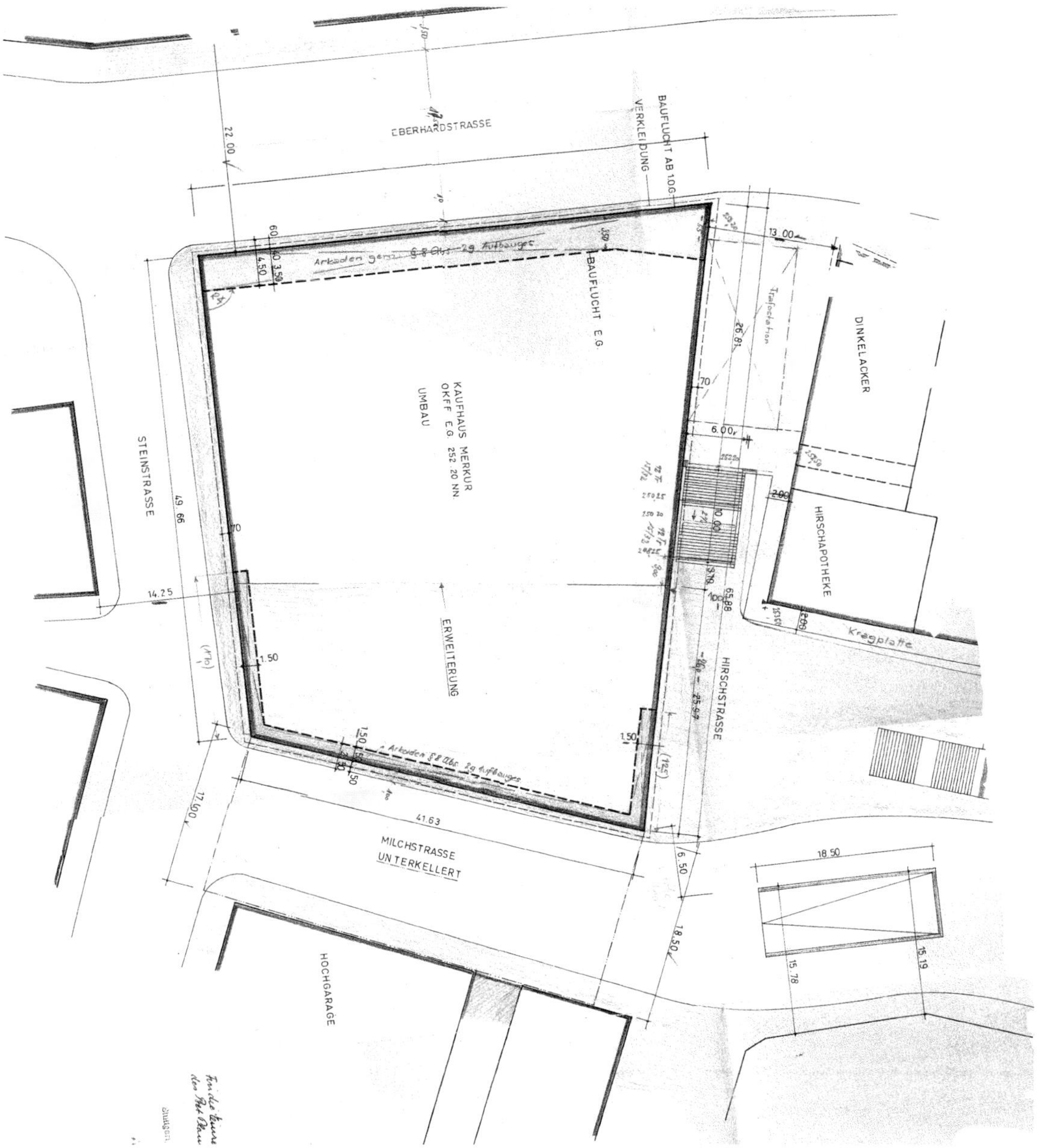

40 Der Lageplan vom 4. 5. 1959 zeigt den Neubau. Das Zurückweichen von der Eberhardstraße wird deutlich. M 1:750

Merkur – Horten

Durch den Wechsel der Eigentümer erfuhr die Zielsetzung der Geschäftsleitung bei den Verhandlungen mit der Stadt um den Schocken in Stuttgart mit den Jahren einen Wandel. Während zu Beginn noch der unbedingte Erhalt beziehungsweise die originalgetreue Wiederherstellung des Gebäudes im Vordergrund stand, wurden später geringfügige Änderungen des Bestandes für die Erweiterung als tragbar hingenommen. Ab Ende 1957 zielten die Diskussionen eindeutig auf einen Abriss hin. Die Argumente dafür wurden zu jenem Zeitpunkt ausschließlich von Helmut Horten vorgebracht. Der Wunsch nach einem Abbruch war damit stark an seine Person geknüpft und er verfolgte zielstrebig die Verwirklichung mit allen Mitteln, die ihm seine Position als Besitzer des Unternehmens bot.

Salman Schocken musste 1938 sein Unternehmen verkaufen. Im Zuge dessen wurde es 1939 in »Merkur Aktiengesellschaft« umbenannt.
Die »Arisierung« blieb ohne Auswirkungen auf die Konzernstruktur. Schocken hatte die wichtigen Positionen bereits im voraus mit ihm wohlgesonnenen Vertrauensmännern besetzt, die den Konzern auch nach dem erzwungenen Verkauf in seinem Sinn weiterführen würden. Die Merkur AG wurde 1945 als Kriegs- und Naziverbrecher deklariert, sie wurde enteignet und unter der Militärregierung treuhänderisch verwaltet.
1948 stellte Salman Schocken den Antrag auf Rückerstattung. Dies war aber nur für den Anteil des Unternehmens möglich, der im westlichen Teil Deutschlands lag. Dessen Wert wurde auf 30 Prozent des Gesamtunternehmens festgelegt, da der größere Anteil der Filialen in der sowjetisch besetzten Zone lag. Die Rückerstattung war schwierig, da 89 Prozent der Aktien Streuaktien im privaten Besitz waren. 1949 erhielt Salman Schocken 51 Prozent des Grundkapitals der Merkur AG. Er verkaufte sie 1953 an Helmut Horten.[78] Im Kaufvertrag war festgelegt, dass Salman Schocken von 1953 bis

1955 beratend für jeweils drei Monate im Jahr Helmut Horten zur Verfügung stehen sollte. Seine Beratung sollte sich vor allem auf den Ausbau der bestehenden Standorte und den Aufbau neuer Filialen konzentrieren.[79] Der Antrag auf Abriss des Gebäudes von Erich Mendelsohn wurde sechs Wochen vor Salman Schockens Tod gestellt.

Erste Verhandlungen

Die Merkur AG ließ 1946 Teile der beschädigten Fassade reparieren. Sie erklärte auf die Frage der Stadt nach einer gültigen Baugenehmigung, »das Gebäude in der gleichen Form wieder instand zu setzen, wie es 1927 von Herrn Mendelsohn geplant und gebaut worden ist«[80]. Dies sollte auch die Bauleitung durch den langjährigen Leiter der Bauabteilung der Merkur AG garantieren, der schon beim Bau durch Mendelsohn dabei war.[81]
Wie schon zuvor ausgeführt, sollten die Schaufensteranlagen an der Eberhardstraße beseitigt und nur unter dieser Bedingung die Genehmigung für das beantragte Baugesuch zu den Instandsetzungsarbeiten erteilt werden.[82]
In einem Schreiben der Merkur AG an das Baurechtsamt zu diesen Bedingungen werden viele Gründe – »im Interesse der besonderen Architektur unseres Geschäftsgebäudes und deren Erhaltung«[83] – angeführt, warum das Gebäude von Erich Mendelsohn unbedingt erhalten bleiben müsse. So würde bei einer Zurückverlegung der Schaufenster in die Hauptgebäudeflucht Verkaufsraum von cirka 195 Quadratmetern verloren gehen, der Treppenhausturm könne aus statischen Gründen nicht verändert werden und eine allgemeine Notlage in der Baustoffbeschaffung lasse eine grundlegende Veränderung bestehender Gebäude und Straßen in absehbarer Zeit nicht zu.[84]
Da die Merkur AG – zumindest der in den westlichen Zonen gelegene Teil des Unternehmens – unter Aufsicht des Amtes für Vermögenskontrolle stand, durfte sie ohne Einwilligung des vorherigen Besitzers Salman Schocken keine Formänderung der Ansicht des Gebäudes vornehmen. Die Merkur-Geschäftsleitung war überzeugt, dass Schocken nicht zustimmen würde. Sie erklärte: »Wir möchten auch nicht Gefahr laufen, vom Schöpfer des Baues, Herrn Architekt Erich Mendelsohn, wegen Änderung des Baukörpers ohne seine Einwilligung beziehungsweise ohne seine Hinzuziehung belangt und bestraft zu werden«[85].

Die Argumente für eine erhaltenswerte Architektur waren also rein wirtschaftlicher Natur.
Auch 1948 wurde als Ergebnis von Verhandlungen zwischen der Stadt und Merkur in einer Aktennotiz unter anderem festgehalten, dass die Merkur AG zu diesem Zeitpunkt »keine baulichen Maßnahmen durchführen [will], die den Wert und die Form des Baukörpers beeinträchtigen«[86]. »Von Seiten des Baurechtsamtes wurde der Merkur AG mitgeteilt, dass die Verkehrsbedürfnisse jetzt schon zu ernsten Schwierigkeiten geführt haben und dass deshalb eine Zurückverlegung der Baulinie in die Flucht des Hauptbaukörpers der Merkur AG mit Bestimmtheit zu erwarten sein wird.«[87]
Bei dem 1952 eingereichten Baugesuch wurde die Gesamtform des Gebäudes verändert, da eine Erweiterung in Richtung Milchstraße geplant war. Die Bauabteilung der Merkur AG schrieb dazu, dass sie sich bei dem Erweiterungsbau »an die von der Stadt vorgeschlagene Baufluchtlinie gehalten«[88] habe. Die Fassaden des Anbaus »werden in der gleichen Form und mit demselben Material ausgeführt, wie die jetzt Vorhandenen«[89].

Die Gründe Helmut Hortens

Horten hatte im wesentlichen drei Hauptargumente, die in der Diskussion für einen Abriss des Schocken sprechen sollten: bauliche Mängel am Bestand, das Versäumnis der Stadt, den Denkmalschutz schon früher geltend zu machen und immense Schadenersatzansprüche.
In einer Zusammenstellung des zeitlichen Ablaufs der gesamten Verhandlungen über den Um- und Erweiterungsbau wurde von der Stadt unter anderem ein Schreiben von Helmut Horten vom 27. Januar 1959 zitiert: »Unsere Architekten, die Herren Professor Eiermann und Hilgers, Karlsruhe, die sich, wie Sie wissen, in all den Jahren sehr intensiv mit dem Um- und Erweiterungsbau befassten, haben uns nun nahegelegt, statt des Um- und Erweiterungsbaues einen völligen Neubau zu errichten, das heißt den jetzigen Baukörper vollkommen abzureißen.«[90] Diese Angabe steht im Gegensatz zu Briefen zwischen Horten und Eiermann, aus denen hervorgeht, dass der Wunsch nach einem Abbruch des Stuttgarter Baus bei Horten bereits Ende 1957 beziehungsweise Anfang

1958 aufkam. Eiermann drängte mehrmals dazu, der Stadt endlich diese neuen Pläne mitzuteilen.[91] Horten lehnte es mit der Befürchtung ab, die Stadt könnte bei bekannt werden neue Grundstücksbeschneidungen fordern.[92] Horten betonte gegenüber Hoss noch 1959, dass sich die Geschäftsleitung zu einem völligen Neubau nur schwer entschließen könne, sowohl aus finanziellen als auch aus betrieblichen Gründen.[93] Zu diesem Zeitpunkt waren die Neubaupläne jedoch schon fast fertig, die Ausweichbaracke für den Verkauf während der Bauzeit musste schon gebaut sein, da in den Schadenersatzforderungen bereits eine Mietzeit für das Grundstück vom 1. Juni bis 31. Oktober 1959 angegeben wurde.

Während der Diskussion um die Eintragung des Stuttgarter Baus in die Liste der Baudenkmale distanzierte sich sowohl Horten vom Architekturbüro Eiermann/Hilgers als auch umgekehrt. Horten rechtfertigte sich gegenüber der Stadt (Hoss), nichts von einem Schreiben Eiermanns an die Fachschaft gewusst zu haben und auch mit dessen Inhalt nicht einig zu sein. Er hob hervor, Eiermann habe die Vorgänge in seinem Schreiben zumindest unvollständig und schief dargestellt. Egon Eiermann hatte – im Gegensatz zu Stadt und Horten – betont, dass der Abriss ausschließlich auf Wünsche der Stadt zurückzuführen sei, da für die Genehmigung einer Erweiterung in Richtung Milchstraße die Verbreiterung der Eberhardstraße und damit der Abriss der Fassade zur Bedingung gemacht worden war.[94]

Laut Horten »waren alle Beteiligten, einschließlich des Büros Eiermann, im Laufe der vielen Verhandlungen und Untersuchungen zur Überzeugung gekommen, dass es aus betrieblichen, verkehrspolitischen, technischen und gestalterischen Gründen nicht zu umgehen sei, das Gebäude abzubrechen. Wir waren damals übereinstimmend der Ansicht, dass wir diese an sich bedauerliche Tatsache der Öffentlichkeit und den an der Erhaltung des Bauwerkes interessierten Kreisen gegenüber gemeinsam vertreten müssten.«[95] Horten bedauerte, »dass Prof. Eiermann diese Linie mit seinem Schreiben [an die Fachschaft] verlassen hat«[96]. Eiermann hatte laut diesem Brief an Hoss wohl mittlerweile den Architektenvertrag gekündigt, Horten wollte sich aber die Entscheidung, ob er die Kündigung akzeptierte, noch vorbehalten.

Egon Eiermann arbeitete jedoch weiter für Horten und erstellte nicht nur den Stuttgarter Neubau, sondern auch noch bis 1962 die Filiale in Heidelberg.

Die Mängel

In der Erklärung zum Baugesuch 1959 für den Neubau hieß es unter anderem, dass das bestehende Gebäude durch den sehr unübersichtlichen Grundriss und die engen Stützenabstände den erhöhten Anforderungen der Kundschaft – großzügige Kunden-Rolltreppen und Klimaanlagen – nicht mehr gerecht werde. Es solle deshalb abgerissen werden. Bei dem Baugesuch 1957 wurde der Einbau einer Rolltreppenanlage in den Bestand allerdings in der Baubeschreibung noch aufgeführt und damit die Ausführbarkeit konstatiert.

Horten war der Überzeugung, wenn die Studenten der Fachschaft oder andere, die gegen den Abriss protestierten, den langen Entwicklungsweg und die jahrelangen Verhandlungen über die verschiedenen Baugesuche miterlebt hätten, würden sie zu dem gleichen Schluss kommen, nämlich dass ein Abriss die einzige Lösung der Situation wäre. Die Wichtigkeit des Mendelsohn'schen Gebäudes wurde auch von Horten nicht bestritten, doch für ihn stand die Wirtschaftlichkeit im Vordergrund. Er warf den protestierenden Architekten vor, dass keiner von ihnen das Haus in den letzten Jahren gesehen und auf seine betriebliche Leistungsfähigkeit hätte beurteilen müssen, von den Erfordernissen des Verkehrs in der Stuttgarter Innenstadt ganz zu schweigen.[97]
Horten wollte mit den angeführten baulichen Unzulänglichkeiten des Stuttgarter Gebäudes die Qualität und das künstlerische Schaffen Mendelsohns nicht herabsetzen. Allerdings wies er darauf hin, dass das Stuttgarter Haus eines der ersten war, die Mendelsohn für Schocken baute und daher, auf Grund mangelnder Erfahrung, »in seiner Funktion schon von Anfang an Mängel aufwies, die bei den späteren Bauten auf Grund der inzwischen gesammelten Erfahrungen vermieden wurden«[98].
Dem entgegen steht, dass Mendelsohn das Gebäude in Nürnberg für Schocken vorher baute. »Die zeitgenössischen Kritik am Nürnberger Schocken-Bau war durchgehend positiv.«[99] »Der durchschlagende Erfolg des Nürnberger Schocken bildete die Grundlage für die weitere Zusammenarbeit Mendelsohns und Schockens in Stuttgart und Chemnitz.«[100] »Das Stuttgarter Kaufhaus Schocken fehlt in keiner Publikation der einschlägigen Literatur. Es gilt als das Kaufhaus der 20er Jahre.«[101]

Tatsächlich war Erich Mendelsohn zur Zeit der Planung des Stuttgarter Hauses nicht gänzlich unerfahren im Bau von Warenhäusern. Genannt seien nur das Seidenhaus Weichmann in Gleiwitz (1922), das Pelzhaus C. A. Herpich in Berlin (1924–1929) und das Kaufhaus Cohen & Epstein in Duisburg (1925–1927). Weitere folgten auf den Stuttgarter Bau, was wohl kaum geschehen wäre, wenn die Mängel so gravierend gewesen wären, wie Horten sie in seiner Stellungnahme schilderte.
Horten führte als angebliche Unzulänglichkeit die schon zwei Jahre nach der Einweihung 1928 beantragten Umbauarbeiten an, die, wie er hervorhob, bei dem Chemnitzer Haus bis heute nicht notwendig gewesen wären.
Die erwähnten Umbauarbeiten waren eine von Schocken gewünschte Erweiterung um ein Geschoss, die ebenfalls von Mendelsohns Büro durchgeführt wurde.
Horten lobte den Chemnitzer Schocken als ein Gebäude, dass »auch heute noch den Anforderungen eines modernen Geschäftshauses genügt, sodass sein Grundriss und seine Fassadengestaltung für einen Berliner Neubau des Unternehmens aus dem Jahre 1955 noch als Vorbild diente«[102]. Schon im nächsten Satz allerdings äußert sich Horten widersprüchlich, da – über dreißig Jahre nach Fertigstellung des Stuttgarter Gebäudes – »sich Käuferschaft und Verkaufsmethoden grundlegend gewandelt haben und an Organisation und Einrichtung eines Warenhauses völlig andere Anforderungen stellen«[103]. Horten führt also einerseits ein dreißig Jahre altes Gebäude in Chemnitz als Vorbild für einen Neubau an, andererseits kann aber ein dreißig Jahre altes Gebäude in Stuttgart den veränderten Erfordernissen nicht mehr gerecht werden?
»Wir möchten nicht mit den Studenten der Architektur darüber streiten, wie ein modernes Kaufhaus zu gestalten und einzurichten ist, da wir glauben, auf diesem Gebiet genügend eigene Erfahrung gesammelt zu haben.«[104]
Die Studenten der Fachschaft hatten den Vorschlag gemacht, den Treppenhausturm optisch zu den Verkaufsräumen zu orientieren und ihm so eine funktionale Bedeutung zu geben, welche die formale Betonung rechtfertigen würde. Horten empfand diesen Vorschlag als Gewalt an der Mendelsohn'schen Konzeption. Als Beleg zitierte er die Beschreibung Richard Döckers, das Kaufhaus Merkur sei »das einzige Bauwerk in Stuttgart, das aus Situation und Aufgabe, aus Funktion und Dynamik eine Einheit als Gestalt darstellt«. Ein weiteres Mal widersprach sich Horten selbst, da er den Bau als nicht mehr funktional bezeichnete.[105]

Mendelsohn selbst wurde in der Argumentation zitiert. Da sicher war, dass – wenn überhaupt – nur ein Teil des Gebäudes erhalten werden könne, führte Horten Mendelsohns Gedanken zum Einsteinturm in Potsdam an. »... man kann ihm, so scheint mir, nicht einen Teil fortnehmen, ohne das Ganze zu zerstören.« Da dieses Zitat aus dem Kontext genommen wurde, lässt sich nicht sagen, ob der Satz als Überlegung zum Entwurfsprozess zu werten ist oder als Argument, dass für einen Abriss sprechen soll. Allerdings stand beim Einsteinturm ein Abriss nicht zur Debatte.
Vor allem die notwendigen beziehungsweise von der Stadt geforderten verkehrstechnischen Veränderungen der umliegenden Straßen – eine Verbreiterung der Eberhardstraße auf der Seite des Tagblattturmes wäre mit zu vielen Schwierigkeiten verbunden – und die Begradigung der Bauflucht auf der Seite der Steinstraße stellten so starke Eingriffe in die Bausubstanz dar, dass »von einer Erhaltung der Mendelsohn'schen Konzeption keine Rede mehr sein kann«.[106]
Für Horten scheinen künstlerische oder architektonische Gründe nicht ausreichend für einen Erhalt gewesen zu sein. Er war der Meinung, dass Außenstehende – mögen sie noch so großes Interesse zeigen – keinerlei Berechtigung hätten, auf die Entscheidungen und Planungen Einfluss zu nehmen.
Zur Begründung zitierte Horten in seiner Stellungnahme aus einem Schreiben der Akademie der Künste in Berlin an Frau Mendelsohn, dass »die Freiheit des Auftraggebers und die aus städtischen Notwendigkeiten resultierenden Planungen allein entscheidend sein müssten«[107].

Ist der Schocken ein Baudenkmal?

Bei der Erörterung, ob für das Gebäude überhaupt die im Artikel 97 der Bauordnung festgelegten Kriterien zuträfen, geht Horten überhaupt nicht auf die Schutzwürdigkeit ein, sondern wirft allen Beteiligten vor, dass auf die Bedeutung des Schocken bisher in der Diskussion zu keinem Zeitpunkt hingewiesen wurde.[108]
Die Rechtslage ist in der Frage des Denkmalschutzes schwierig zu beantworten, da viele Faktoren gegeneinander abgewogen werden müssen. Horten wehrte sich gegen die vorgebrachten Gründe, vor allem, wenn es sich »nur« um einen guten Entwurf

handle. »Besonders muss dies für reine Zweckbauten gelten. Es würde mit den Bedürfnissen des Wirtschaftslebens nicht vereinbar sein, wenn jeder gelungene Entwurf eines Architekten den Eigentümer für die Zukunft daran hindern würde, das Bauwerk umzugestalten oder durch ein anderes zu ersetzen.«[109] Diese Aussagen zeigen eine ganz andere Auffassung als die 1947 vertretene, als am Gebäude Veränderungen – damals noch auf Wunsch der Stadt – vorgenommen werden sollten. Ein Hauptargument damals war, dass man das künstlerische Werk Mendelsohns nicht zerstören wolle. 1959 meinte Horten, ein Kaufhaus wäre schon von »Haus aus mit dem Risiko behaftet, dass es den veränderten Verhältnissen angepasst werden muss«[110]. Auch hier zeigt sich, dass für Horten ausschließlich wirtschaftliche Gründe eine Rolle spielten.

Ein weiterer Punkt in der Argumentation war das in der Bauordnung festgelegte Umfeld des Gebäudes. »Gegenstand des Denkmalschutzes sind auch die Umgebung des Kulturdenkmals, soweit sie für dessen Erscheinungsbild von erheblicher Bedeutung ist.«[111] Da es sich bei dem gesamten Baublock in Richtung Rathaus um ein Ruinengebiet handelte, konnte das Gesamtbild der Stadt auch keine Verarmung erfahren und es bestand kein städtebaulicher Zusammenhang mehr, der eine Erhaltung in diesem Sinn notwendig machte. Klett, der das gleiche Argument benutzte, sagte jedoch, dass die vielen Neubauten rund um das Kaufhaus Merkur ein so verändertes Stadtbild ergeben hätten, dass sich der »alte Schocken« nicht mehr ins Gesamtbild einfüge.[112]

Das Argument, dass es in Folge der Kriegszerstörungen nur noch wenige Mendelsohn'sche Bauten gebe und deshalb der Stuttgarter Bau erhalten werden müsse, zählte für Horten nicht, schließlich gäbe es ja noch den Chemnitzer Schocken.

Falls das Gebäude unter Denkmalschutz gestellt würde, so müsste – nach Hortens Meinung – diese Entscheidung bei zukünftigen Bauherren die Haltung fördern, sich mit Gebäuden zufrieden zu geben, die eine solche Diskussion, wie sie um den Stuttgarter Bau geführt werde, nicht hervorriefen. Es würde also die Tendenz ausgelöst werden, »sich mit solchen Bauten zu begnügen, die eine saubere und städtebaulich nicht zu beanstandende Lösung bedeuten. Es würde wohl aber jeder Entschluss erschwert werden, eine eigenwillige und besonders ausgeprägte Art der Bauausführung zu wählen, wenn der Bauherr damit rechnen müsste, dass ein solches Bauwerk den Beschränkungen des Art. 97 der Bauordnung unterworfen wäre.«[113]

Der Schadenersatz

In der Stellungnahme der Horten AG gegenüber dem Denkmalrat 1959 führte Horten Schadenersatzansprüche an, die gegen eine Eintragung in die Liste der Baudenkmale sprechen sollten. Falls der Schocken unter Denkmalschutz gestellt würde, forderte er für die bisherigen Planungen 981.000 DM.[114] In dieser Summe waren die bisherigen Planungsleistungen der Architekten mit 180.000 DM und der Statiker mit 68.250 DM enthalten, vorausgesetzt die Architekten akzeptierten eine Kündigung und forderten keinen Ausgleich für entgangenes Honorar, wenn nicht gebaut würde. Ebenfalls enthalten waren eigene Planungskosten mit 60.000 DM, der Bau einer Ausweichbaracke mit 598.000 DM sowie die Miete des notwendigen Grundstücks mit 74.750 DM. Der Behelfsbau wurde schon 1959 in der Calwerstraße errichtet, wo der Geschäftsbetrieb während der Bauarbeiten weiter gehen sollte. Die Dauer der Nutzung des Grundstücks war auf ein Jahr begrenzt und bei Nichteinhaltung der angestrebten Bauzeiten kündigte Horten hohe Konventionalstrafen an.

Hinzu kämen noch jährlich zu erwartende Renditeverluste von drei bis sechs Millionen DM, die der Stadt ebenfalls in Rechnung gestellt würden. Die Höhe der mit einem Neubau zu erwartenden Rendite wurde durch den Vergleich mit anderen Filialen errechnet. Dieser Differenzbetrag zwischen zukünftig angestrebter und tatsächlicher Rendite wurde damit begründet, dass in dem bestehenden Gebäude nur ein unorganischer Geschäftsablauf möglich sei; Umsatzausfall durch veraltete Betriebseinrichtungen wären die Folge. Außerdem entfiele der Werbeeffekt eines neuzeitlich gestalteten Gebäudes.[115]

Horten wies daraufhin, dass zwar noch geprüft werden müsse, ob es sich um eine entschädigungspflichtige Enteignung handle, sollte der Stuttgarter Bau tatsächlich in die Liste der Baudenkmale eingetragen werden, da es bei den Schadenersatzforderungen jedoch um Millionenbeträge ginge, fragte Horten, ob die Erhaltungswürdigkeit so viel wert sei.

Falls aber das Gebäude unter Denkmalschutz gestellt würde, müsste nach Art. 97 der Bauordnung die öffentliche Hand binnen drei Monaten den Ausgleichsanspruch anerkennen. Tue sie das nicht, entfalle der Denkmalschutz. Nach dieser gesetzlichen Regelung entfällt der Denkmalschutz wieder, wenn die öffentliche Hand – wie in diesem Fall geschehen – von vornherein jegliche Zahlungen ablehnt. Der Denkmalrat hätte also den Bau »pro forma« in die Liste der Baudenkmale aufnehmen können und stünde so nicht als »Schuldiger« da. Andererseits wäre der Denkmalrat bei einer Eintragung unter diesen Voraussetzungen nicht mehr als ernstzunehmendes Gremium anzusehen gewesen.

Helmut Horten und die Stadt Stuttgart

Entscheidender als diese Zahlen wird die wiederholt ausgesprochene Ankündigung gewesen sein, Stuttgart als Standort zu verlassen, sollte der Ausgang der Verhandlungen nicht im Sinne von Horten ausfallen. Damit kämen auch auf die Stadt finanzielle Verluste durch entgangene Gewerbesteuern zu.
Es war nicht die erste Gelegenheit, bei der die Stadt mit dem Argument unter Druck gesetzt wurde, Merkur könnte gänzlich das Interesse am Stuttgarter Standort verlieren. Architekt Hilgers äußerte in einer Besprechung mit Obervermessungsrat Roth, dass bei weiteren Änderungen des Grundstücks der Merkur AG durch Wünsche der Stadt oder der Aufbaugemeinschaft – nach einem Vorschlag von Roth sollte die neue Breite Straße um einen bis zwei Meter gegen Merkur verschoben werden – »die Sache so langsam nicht mehr interessant für Merkur werde«[116]. Damit, so stellte Roth fest, entfiele »der Hauptgrund, der das Baurechtsamt veranlasst hat, die Ausweitung des Kaufhauses zu fördern«[117]. »Herr Architekt Hilgers erklärte nämlich, es sei dem Kaufhaus aus Anlass des Umbaues des seitherigen Gebäudes nicht zumutbar, auch für dieses Abstellplätze nach der Garagenordnung nachzuweisen!«[118]
Die Förderung der Bebauungsplanänderungen zugunsten Merkur waren gekoppelt an die Zusicherung von Seiten der Firma, sich »an der Schaffung des unterirdischen Parkraumes im Block der Interessengemeinschaft«[119] zu beteiligen. Davon war nun keine Rede mehr. Architekt Hilgers kündigte an, »dass bei Änderung des Bebauungsplans in der vorgezeigten Weise die Stadt mit nur geringen Gegenleistungen von Merkur rechnen kann«[120].
Diese Form der internen Absprachen kam im Laufe der Verhandlungen oft vor. Klett wurde immer wieder gebeten, die Rolle des Vermittlers zu übernehmen.[121] Dass Hoss

dabei übergangen wurde, führte zu anhaltenden Auseinandersetzungen zwischen Klett und Hoss.[122]
Mit einem Schreiben von Merkur an Klett vom 3. Mai 1955 wurde dieser erneut um Unterstützung gebeten bei der Durchsetzung der Wünsche für den Erweiterungsbau.[123]
Ende 1958 sollte auf Hortens Wunsch eine Besprechung bei Klett oder Hoss stattfinden, um festzustellen, welche Einwände gegen das Projekt noch bestünden. Architekt Hilgers sollte dafür die wesentlichen Punkte schon im voraus klären, »damit tatsächlich ein Ergebnis erzielt wird und nicht, wie es in Stuttgart so häufig der Fall ist, auf ›schwäbisch‹ geschwätzt wird«[124]. Auch auf die Anwesenheit der verschiedenen Dezernenten wurde bei dieser Besprechung Wert gelegt, da sich Hoss bei früherer Gelegenheit »bei seinen Dezernenten nicht durchsetzen konnte«[125].
Horten wollte unbedingt vermeiden, dass in der Frage des Abrisses der Eindruck in der Öffentlichkeit entstünde, Stadt und Bauherr (Horten) seien unterschiedlicher Auffassung. So bat er die Stadt in einem Schreiben, die Stellungnahme für das Regierungspräsidium kritisch auf Berichtigungs- und Änderungswünsche durchzusehen. Erst dann sollte die Stellungnahme an den Denkmalrat weitergeleitet werden.[126]
Und obwohl Horten mit der Stadt einmütig vor den Denkmalrat treten wollte, schrieb er doch an Hilgers: »Für das Verfahren vor dem Denkmalrat muss die von Professor Hoss gegebene Erklärung vor dem Gemeinderat entkräftet werden, dass die Forderung der Stadt, die auf eine Verbreiterung der Eberhardstraße gingen, sich ohne wesentliche Eingriffe in den Mendelsohn-Bau hätten durchführen lassen.«[127]
Da Klett Horten im Voraus über zu erwartende Anträge bezüglich des Bauvorhabens im Gemeinderat oder in den Sitzungen des Technischen Ausschusses informierte, war Horten ihm zu jeder Zeit sehr dankbar für das entgegengebrachte Interesse und die Hilfe bei den Verhandlungen.[128] Horten zeigte sich erkenntlich und überreichte der Stadt zu verschiedenen Anlässen Schecks für gemeinnützige Zwecke. Auch bei der Eröffnung des Anbaus an das Kaufhaus 1972 erhielt die Stadt 750.000 DM. Dieser Betrag mag in heutiger Zeit nicht besonders groß erscheinen. Betrachtet man die Höhe der Summe, die in etwa den geforderten Schadenersatzleistungen für schon erbrachte Planungsleistungen und Ersatzbauten entspricht, drängt sich die Frage auf, warum nicht genau diese Summe – beizeiten sicherlich schon einkalkuliert – eingesetzt wurde, um den Schocken-Bau zu erhalten.[129]

Nach der Einweihung des Neubaus schenkte Horten der Stadt ein Modell des Mendelsohn'schen Schocken, nachdem er es während der Abriss-Diskussion der Fachschaft angeboten hatte.[130]

41 Der neue Merkur im Bau. An der Steinstraße fehlt noch die Bekleidung mit den Keramikelementen

42 Der Vergleich, wie sich die Bauten (rechts der Neubau) in die innerstädtische Umgebung einfügen

43 Horten-Vorstandsmitglied Fritz Seydlack überreicht Oberbürgermeister Klett anlässlich der Neueröffnung des Anbaus 1972 einen Scheck über 750.000 DM für gemeinnützige Zwecke

44 Der Merkur kurz vor der Fertigstellung im Sommer 1961

45 Das Kaufhaus Merkur von Egon Eiermann nach seiner Eröffnung 1961

46 Weit kragen die Obergeschosse über den Gehweg aus

Egon Eiermann

Egon Eiermann wurde beauftragt, die Umbau- und Erweiterungspläne für den Stuttgarter Schocken auszuarbeiten. Schon kurz nach seinem Studium arbeitete er von 1923 bis 1927 in der Bauabteilung des Warenhauskonzerns Karstadt in Hamburg. Seine einflussreichste Schaffensphase lag in der Nachkriegszeit. Er bekam einen Lehrstuhl für Architektur an der Technischen Hochschule in Karlsruhe. Seine Stahlskelettbauten hatten Vorbildcharakter. So entstanden in den Jahren zwischen 1950 und 1970 beispielsweise der Deutsche Pavillon für die Weltausstellung in Brüssel, das Neckarmann-Versandhaus, die Kaiser-Wilhelm-Gedächtniskirche in Berlin, die deutsche Botschaft in Washington oder das Abgeordneten-Hochhaus in Bonn.
Aus seinen Briefen nimmt man Egon Eiermann als Kämpfer seiner Vorstellungen wahr, der ohne Rücksicht seine Auffassungen verteidigte. Er ging rigoros vor, wenn ihm Details nicht gefielen, oder wenn selbst nach der Fertigstellung das Gebäude nicht so genutzt und behandelt wurde, wie es in seinem Sinn war. Es gibt in seinen Briefen unendlich viele Beispiele, die zeigen, dass er fast persönlich beleidigend werden konnte, wenn seine Lösung nicht als die Beste galt. Aber er sah auch seine Fehler und konnte durchaus eine Meinungsänderung zugeben. Dadurch wird es mitunter schwierig, seine Handlungsweise zu verstehen.
Man fragt sich: Hatte sich seine Meinung über die Warenhäuser allgemein verändert oder war er so fest im Vertrag mit Horten, dass er nicht aussteigen konnte? War er durch andere, für ihn interessantere Bauvorhaben so abgelenkt, dass es irrelevant war, sich für Einzelheiten zu verkämpfen? Hatte er unterschätzt, wie die Öffentlichkeit auf den Abrissplan reagieren würde? Es entsprach ja eigentlich seiner Auffassung von Architektur, vor allem bei Warenhäusern, dass sie nicht von Dauer sein kann.
Im Wesen des Entwerfers waren sich Mendelsohn und Eiermann wohl sehr ähnlich. Beide arbeiteten mit großer Begeisterung an der Entstehung der Formen. Nur daraus

lässt sich auch die Kraft erklären, die nötig war, um sich für seine Pläne so vehement einzusetzen. Möglicherweise war es genau diese Ähnlichkeit, die Eiermann dann veranlasste, sich für den Erhalt des Mendelsohn'schen Baus einzusetzen. Vielleicht sah er aber schon, dass die Umsetzung des Neubaus auf mehr Probleme stoßen würde und auch dort kein zufriedenstellendes Ergebnis zu erwarten sei. Das Ergebnis war schließlich auch, dass er Schelte bekam für den Abriss genauso wie für den Neubau.

Egon Eiermann war in seiner Funktion als von Horten beauftragter Architekt sicherlich derjenige, der den meisten Einfluss bei der Diskussion um den Abriss hätte ausüben können. Er erscheint jedoch im nachhinein als derjenige, der zwischen seinen Pflichten dem Bauherrn gegenüber und seiner Architekturauffassung hin- und hergerissen war.

»Es ist eben doch ein sehr schwieriger Beruf, und die Tatsache, dass wir keine Klienten und keine Patienten haben, sondern Bauherren über uns, beweist ja zur Genüge, in welcher Abhängigkeit wir uns befinden.«[131]

Die Herausforderung bestand für ihn darin, sich scheinbar unlösbaren Problemen zu stellen. »Die wenigsten Menschen wissen leider, dass solche Dinge aus Konditionen bestehen, über die der Architekt nicht zu befinden hat, sondern für die er eine Lösung finden muss.«[132]

Für Eiermann war das Ziel nicht ein »großer« Entwurf, er wollte Pläne erarbeiten – im wahrsten Sinn des Wortes. Dabei spielte nicht nur die räumlich-ästhetische Komponente eine Rolle, sondern auch »die des Wirtschaftlichen, des Konstruktiven, des Organisatorischen und die aller technischen Belange ...«[133].

Bei dem Stuttgarter Bauvorhaben schien er viele seiner Entwurfsgrundsätze und Vorstellungen von Warenhäusern aufgeben zu müssen. Horten als Bauherr war wohl so dominant, dass sich Eiermann nicht durchsetzen konnte. Und nicht nur in Stuttgart 1959, auch in Heidelberg wollte er wiederholt aus dem Vertrag aussteigen.

Schon 1954 berichtete er an Herbert Hensch: »..., Warenhäuser bauen wir nicht mehr, ...«[134] »Ich finde Warenhäuser schlechthin fürchterlich und den Aufenthalt in ihnen zum Grausen; aber das ist ja eben der Unterschied, sie gehören in unsere Zeit. ... Die alten Bauten hatten allein durch die Wahl des natürlichen Materials eine starke Verbindung mit der Natur, sie altern, aber sie haben den Glanz der Ewigkeit in sich.«[135]

Möglicherweise bot ihm die Aufgabe Warenhaus auch nicht mehr die notwendige Herausforderung beziehungsweise musste er feststellen, dass die Bauherren für seine

Vorstellungen nicht bereit waren. Gegenüber Fritz Müller von der Merkur AG äußerte er: »Wenn ich es mir so recht überlege, habe ich dort mit dem Bau des Deutschen Pavillons das gemacht, was ich für Sie nicht machen durfte, nämlich ein Warenhaus so zu bauen, wie ich es mir vorstelle: das Ganze als große Vitrine aus Glas, als Schau-Fenster schlechthin. ... Ich meine aber, dass wir von den Geschäftshausfassaden, wie wir sie bauen, und von den Bunkern, wie sie zuletzt Marcel Breuer in Holland exerziert hat, wegkommen müssen zugunsten einer neuen Auffassung. Sicher können Sie sich die Wirkung eines von innen her leuchtenden Baues als Reklame in der Stadt vorstellen. Ich möchte Sie wirklich herzlich bitten: Geben Sie uns für diese Ideen den Bau eines kleinen Hauses, vielleicht Heidelberg, und ich werde Ihnen beweisen, dass wir einen Schritt voraus tun.«[136]

Er bekam dann tatsächlich den Auftrag für den Bau der Heidelberger Filiale, doch sein Entwurf wurde in der Bauabteilung von Horten so abgeändert, dass sein architektonisches Anliegen nicht mehr erkennbar war. Auch in diesem Fall wollte er – vergebens – vom Vertrag mit Horten zurücktreten.[137]

Die von ihm gebauten Warenhäuser in Heilbronn und Reutlingen – noch mit Salman Schocken als Bauherrn – fügten sich in das Stadtbild ein.

Zu den Bauten in Stuttgart und Heidelberg mit Helmut Horten als Auftraggeber war kaum eine gestalterische Parallele zu erkennen. Die Fassadenvorstellungen bei diesen beiden Häusern, die sich gegen die umgebende Bebauung absetzten, sind wohl deutlich von den Vorstellungen Hortens geprägt worden. Eiermann hatte sie jedoch in Verhandlungen entschieden vertreten.[138]

Die äußere Gestalt des Stuttgarter Warenhauses widerstrebte der Auffassung Eiermanns von einer »architektonischen Wahrheit«[139]. Die äußere, zweite Fassade mit der Maschenstruktur, die eine Differenzierung der Baumassen kaum erlaubte, verdeckte den inneren Organismus. »Das Gebäude wird durch die geschlossene Haut aus einem bestimmten Material und einer nahezu immer gleichen Form neutralisiert.«[140]

Wie sehr muss es einen Künstler schmerzen, wenn er seine Ideale schwinden sieht, wenn er das, was er noch wenige Jahre vorher zu vermeiden suchte, nun umsetzen muss und von allen als der Urheber dafür angesehen wird. »Überall werden Sie dieses Überziehen einer Stahl- oder Aluminium-Glaswand erleben, die das Strukturelle des Baues, also Stützen und horizontale Teilungen, völlig negiert. Dass mit solchen Methoden die Wahrheit vertuscht wird und eine Degenerierung des Bauens stattfindet, ist nicht zu verheimlichen. Wenn ich erst damit beginne, die an einem Bau waltenden sichtbaren Kräfte unsichtbar zu machen und sie zum Schweigen zu bringen, dann gebrauche ich einen Trick und verfalle einer modischen Torheit, die nicht von Bestand sein kann. Wir wollen alles tun, so etwas zu vermeiden, indem wir Stützen und Decken als die wesentlichen Merkmale des Gebäudes hervorheben.«[141]

Die glatte, undefinierte Oberfläche, die weder auf die Stadt noch auf die inneren Räume Bezug nahm, reduzierte die Architektur. »Das Warenhaus wird zum Symbol, die Fassade zum Plakat.«[142] Diese Werbewirksamkeit war durchaus gewollt, doch wie oben zitiert, sollte das Gebäude aus sich heraus werbend sein. Auch da gibt es eine Parallele zu Mendelsohns Vorstellungen von Warenhäusern, denen er durch Lichtgestaltung einen Werbeeffekt verlieh.

Eiermanns Machtlosigkeit bei der Umsetzung seiner eigenen Vorstellungen zum Stuttgarter Bauvorhaben scheint unverständlich zu sein. Denn er stritt und diskutierte bei allen seinen Bauten bis ins kleinste Detail. »In der Kunst und in künstlerischen Dingen kenne ich kein Erbarmen, weder gegen mich noch gegen andere.«[143]

Diese »Erbarmungslosigkeit« lässt sich in Stuttgart nicht finden. Möglicherweise gab es andere Projekte, die ihn mehr herausforderten. So wollte er 1958 nicht ausschließen, »dass eine Beschäftigung mit dieser Arbeit [Kanzleigebäude der Deutschen Botschaft in Washington] alle anderen Dinge, vielleicht mit Ausnahme der Gedächtniskirche, die aber noch lange laufen wird, in den Hintergrund treten lässt.«[144]

Auch in der Diskussion zum Abriss scheint Eiermanns Verhalten ambivalent. Ende 1958 wandte sich Eiermann mit der Bitte an Hoss, sich beim Bauherrn Horten für den Erhalt der Mendelsohn'schen Fassade einzusetzen. Er habe dem Auftrag eines Umbaus beziehungsweise der Erweiterung Anfang der fünfziger Jahre unter der Voraussetzung zugestimmt, zumindest die Front an der Eberhardstraße mit dem Treppenturm erhalten zu können.[145] Im selben Schreiben erwähnte er, dass möglicherweise abgerissen werde und damit seine Ziele nicht realisierbar seien. Auch die Forderungen der Stadt, den Bürgersteig zurückzuverlegen und die Eberhardstraße zu verbreitern, erschwerten Eiermanns Wunsch nach einer Erhaltung der ursprünglichen Fassade, was ihm »außerordentlich am Herzen gelegen hätte«[146]. »... ich sehe die Zeit kommen, da ich als Bilderstürmer verschrien werde, und ich habe die größte Lust, aus dieser ganzen Sache mit meinem Namen auszusteigen, da die Voraussetzungen, unter denen ich die Aufgabe übernahm, sich geändert haben.«[147]

Ganz zu Beginn der Planungen in Stuttgart 1951 empfahl Eiermann, doch Kontakt zu Erich Mendelsohn aufzunehmen, der seiner Meinung nach zwar kein weiteres Interesse am Umbau seines Gebäudes haben werde, der dennoch über die Erweiterungsabsichten informiert werden sollte, um dem Urheberrecht Genüge zu tun.[148] Zu dieser Zeit war Salman Schocken noch am Unternehmen beteiligt und somit die »Gefahr« ungewollter baulicher Veränderungen relativ gering. »Ich glaube nicht, dass Warenhäuser den Anspruch stellen können, sozusagen Ewigkeitswerte zu haben, und die alten Bauten von Messel (Wertheim Berlin) und von Olbrich (Tietz Düsseldorf) muten ja auch heute reichlich komisch an.«[149]

Egon Eiermann wollte in der Debatte um die Erhaltung des Stuttgarter Hauses nicht als derjenige angesehen werden, der für den Abbruch des Gebäudes verantwortlich war. »Verschiedene Zuschriften lassen erkennen, dass man mich und mein Büro für die Übeltäter beim Abriss des von Mendelsohn gebauten Schocken-Hauses hält. Dem ist ganz und gar nicht so. Keiner von uns wollte das, und bis in die letzte Zeit wurde das nicht erwogen. Unser Auftrag lautete nicht, das Haus abzureißen, sondern es unter Beibehaltung der Außenfronten nach hinten zu erweitern und aufzustocken. Mit dieser Arbeit haben wir uns seit nahezu drei Jahren beschäftigt, und im besonderen die Stadt Stuttgart hat bei der baupolizeilichen Vorlage zur Bedingung gemacht, dass bei einer Erweiterung des Hauses nach hinten eine Verbreiterung der Eberhardstraße zu erfolgen hätte. Dieser Wunsch der städtischen Behörden hat es dann erfordert, die meines Erachtens wirklich erhaltenswerte Front des Mendelsohn-Baues zu zerstören. Ich bin durchaus der Meinung, dass Herr Horten, der Besitzer der Merkur- und Defaka-Warenhäuser, einverstanden sein würde, die Mendelsohn-Front zu erhalten; aber er wird es als eine Zumutung empfinden, diese gleiche Front 5,00 oder 6,00 Meter zurück neu aufzustellen. Proteste sind also einzig und allein an das Baudezernat der Stadt Stuttgart zu richten.«[150]

Eiermann legte mit dieser kurzen Beschreibung der Abläufe die Gründe dar, die seiner Meinung nach zu der Entscheidung führten, warum ein Abriss des Schocken notwendig sei. Diese Stellungnahme verursachte eine erneute Distanzierung zwischen Horten und Eiermann, da der Verweis der Kritiker an die Stadt entgegen den Absprachen zwischen

Horten und der Stadtverwaltung stand.[151] Schon früher hatte es Auseinandersetzungen um Zuständigkeitsbereiche gegeben, auch ausgelöst durch Kompetenzfragen in der Stuttgarter Stadtverwaltung. Eine Unterredung zwischen Hoss und Eiermann über den Stuttgarter Bau, die wohl eher privaten Charakter haben sollte, kam nicht zustande, da Horten sich übergangen fühlte und nun seinerseits mit Klett eine Besprechung anstrebte. Eiermann war über diese Verwicklungen konsterniert. »Man muss eben den Architekten arbeiten lassen, oder man soll gar nicht erst mit ihm anfangen.«[152] Er sah darin eine Verzögerung der Verhandlungen und schrieb an Direktor Eckelmann von Horten: »So geht es also auch nicht. Unter diesen Umständen ist es nun wohl richtig, wenn Sie das Heft wieder in die Hand nehmen und die Besprechung zwischen Herrn Horten, Herrn Dr. Klett und Professor Hoss arrangiert wird.«[153]

Eine weitere Schwierigkeit in der Lösung der offenen Fragen zum Um- und Erweiterungsbau war der Wunsch Hortens, alle Planungsschritte vor anderen Beteiligten geheim zu halten. Bei einer Besprechung im Februar 1958 mit Eiermann erwähnte Horten, dass eine bis dahin vorgeschlagene Überbauung der Hirschstraße nicht mehr erwünscht sei. »Über diesen Punkt ist allen Stellen gegenüber äußerste Zurückhaltung zu wahren, damit nicht von Seiten Dinkelacker eventuell erneut Einspruch gegen unser Baugesuch eingelegt wird.«[154] Es scheint so, als ob der Vorschlag, die Räume im Gebäude von Dinkelacker durch Merkur zu nutzen, nur gemacht worden war, um Dinkelacker zu einer Zurücknahme ihres Einspruchs gegen das Bauvorhaben von Merkur zu bewegen.

Horten äußerte bei dieser Besprechung – wie Eiermann in einer Aktennotiz vermerkte –, dass keine der bisher vorgeschlagenen Lösungen zu einem glücklichen Ergebnis führen werde. Er war »der Auffassung, man sollte das Projekt als völligen Neubau behandeln und eine Neuplanung dafür ausarbeiten«[155]. Dies bedeutete natürlich den Abriss des Mendelsohn-Baus. Horten betonte: »Über diese Neuplanung soll gegenüber allen Beteiligten Stillschweigen gewahrt bleiben, damit nicht von Seiten der Stadt bei bekannt werden derartiger Absichten weitere Grundstücksbeschneidungen gefordert werden können.«[156]

Wiederholt versuchte Eiermann klarzustellen, dass er mit dieser Entscheidung nichts zu tun habe. Noch bevor der Antrag auf Abriss gestellt wurde, beklagte er sich, er werde »auf das fatalste drangsaliert«[157]. Zu diesem Zeitpunkt wurde noch immer nicht offiziell von einem Neubau gesprochen. »Halten Sie es aber für richtig, dass wir jetzt noch das erste, also das Umbau-Projekt, einreichen, wo doch feststeht, dass wir abreißen werden? Hielten Sie es nicht für besser, mit offenen Karten zu spielen und das, was wir wollen und brauchen, klar bekannt zu geben? Es ist ja nichts Unmögliches.«[158]

Wie aus einer Aktennotiz über eine Besprechung im August 1958 hervorgeht, drängte Eiermann seit dieser Zeit Horten, endlich auch gegenüber der Stadt die Pläne so zu ändern, dass nur noch von einem Neubau ausgegangen werde. Er hatte das Gefühl, »dass die Stadt gar nicht mehr mit einem Umbau, sondern mit einem Neubau rechnet«[159]. Dabei sollte das alte Baugesuch nicht zurückgezogen, sondern lediglich die Pläne ausgetauscht werden. »Wir haben allgemein den Eindruck, dass der Oberbürgermeister sämtliche Baustellen ziemlich unter Druck gesetzt hat.«[160]

Die Planungen für den Neubau gingen unbeeindruckt von der öffentlichen Kritik weiter. »... wozu wäre denn ein Leben da, wenn nicht, um es auszubeuten, nachdem die Sehnsucht zu bauen doch mein höchstes Glück darstellt.«[161] Bauen um jeden Preis? Zu keiner Zeit wird auf den Zusammenhang zwischen Abrissantrag und Neubauplanungen Bezug genommen. Und genau das ist das Widersprüchliche. Eiermann bedauerte den geplanten Abriss, brachte aber in keinem Schreiben an Horten Gründe vor, die seiner Meinung nach dagegen sprechen sollten. Vielmehr scheint es, als ob der Gedanke daran keine Rolle spielte. So ging es für Eiermann ab dem Moment, als Horten den Wunsch nach Abriss äußerte, nur noch um die Klärung der Fragen zum Neubau – sowohl mit Horten als auch ab 1959 mit der Stadt.

Die Diskussion drehte sich beim Neubau hauptsächlich um die Gebäudehöhe. Eiermann plädierte für eine gleichmäßig umlaufende Höhe und nicht – wie die Stadt forderte – für ein Abtreppen des Gebäudes in Richtung Rathaus, um den Eindruck der durchgehenden Maschenstruktur nicht zu zerstören. Er bat in einem Schreiben an Hoss, abzuwägen, »ob nicht doch die Architektur in diesem Fall von größerer Bedeutung für das neue Haus und seine Umgebung ist, als die strikte Erfüllung der Verordnungen«[162]. Bei der Straßenbreite ging es längst nicht mehr um die Belange des Verkehrs, sie war zu diesem Zeitpunkt lediglich noch Kriterium dafür, wie hoch gebaut werden durfte.

Zur Zeit der Eröffnung des Neubaus im Sommer 1961 lehnte Eiermann die Veröffentlichung des Stuttgarter Gebäudes in der db – deutsche bauzeitung mit der Begründung ab, dass sich der Bau nicht in allen Teilen mit seiner Auffassung decke. Er begründete

dies Herrn Direktor Eckelmann, der von Eiermanns Vorbehalten schon länger Kenntnis hatte, damit, dass er nur Dinge publiziere, die in allen Einzelheiten von ihm selbst stammen. »Ich trage mich nicht mit der Absicht, mich in Streitgespräche einzulassen oder mich in solche hineinziehen zu lassen.«[163]
Aus Eiermanns Briefen lässt sich erkennen, dass ab 1960 seine Resignation gegenüber den Schwierigkeiten beim Bauen wächst. Es drängte ihn mehr und mehr dazu – wohl auch aus gesundheitlichen Gründen – nur noch für Studenten da zu sein. So schrieb er auch in einem Brief an Direktor Eckelmann: »Dass Sie die doch recht zermürbende Tätigkeit bei Horten aufgegeben haben, ist gut. ... Ich aber bin von all dem, was die Menschen auf dieser Erde anrichten und wie sie mit ihr umgehen, mittlerweile so hoffnungslos enttäuscht, dass ich mich von vielen Dingen mutwillig und bewusst zurückgezogen habe, mit der festen Absicht, mich in Zukunft den Studenten zu widmen, als mir durch mancherlei Bauwerke, die ja immer doch nicht so werden, wie man sich wünscht, recht fadenscheinige Denkmale zu setzen. ... Und wenn Sie schreiben, dass Ihre Aufgabe bei Horten, mit den beauftragten Architekten zusammenzuarbeiten, nicht immer leicht war, so möchte ich Ihnen noch sagen dürfen, dass manches andere schöner und harmonischer gelaufen wäre, wenn wir nur mit Ihnen zu tun gehabt hätten. ... Diese Zusammenarbeit mit Herrn Neckermann hat mich für vieles entschädigt, was sich im Laufe der Jahre an Groll und Gram bei den Warenhäusern aufgespeichert hat, ...«[164]

»Bauen ist so schwer, und ich werde es nie schaffen. Ich war so traurig gestern Abend, dass ich wünschte, blind zu sein, um diese so anspruchsvolle Wirklichkeit nicht mehr zu sehen. Nur noch denken und nicht mit diesen für mich so fürchterlichen Realitäten rechnen zu müssen, die mir richtige Erschütterungen jedes Mal einbringen. Und das geht mir doch jedes Mal so und immer wieder und ewig, solange ich lebe. – Ich leide einfach, und keiner weiß es, weil ich mehr sehe und anders sehe als die anderen.«[165]

Walther Hoss

Die ZAS

Am 2. Mai 1946 wurde die Zentrale für den Aufbau der Stadt Stuttgart, die ZAS, durch Beschluss des Gemeinderates gegründet. Infolge der Entnazifizierung Ende 1945 waren wesentliche Ämter des Wiederaufbaus, das Referat Wiederaufbau und das Stadtplanungsamt, nicht besetzt. Das bedeutete, dass der Aufbau der Stadt stockte.
Die ZAS unter Leitung des Stuttgarter Architekten Richard Döcker sollte die Koordination des Aufbaus übernehmen. Walther Hoss, Professor für Architektur und enger Freund Döckers, wurde stellvertretender Leiter, außerdem wurde ihm das Stadtplanungsamt unterstellt.
Dem Gemeinderat und Oberbürgermeister Klett gingen die Aufbauplanungen zu langsam voran. Schon 1947 kam es zu einem Wechsel in der Leitung. Richard Döcker schied aus der ZAS aus und erhielt eine Professur für Städtebau und Entwerfen an der Technischen Hochschule Stuttgart. Walther Hoss wurde der neue Leiter der ZAS und erhielt damit den Titel »Generalbaudirektor«. 1951 avancierte er zum Technischen Beigeordneten, wodurch er den Rang eines Bürgermeisters bekam.
Die Stuttgarter Planung der folgenden Jahrzehnte wurde wesentlich durch Walther Hoss geprägt. »Er war, im Unterschied zu Döcker, eher Pragmatiker und Organisator mit Kenntnissen bürokratischer Vorgänge und Möglichkeiten. [...] Auch vom Temperament scheint etwas Komplementäres vorhanden gewesen zu sein: Hoss erscheint auch in der Folgezeit eher als der ungestüme, schnell entscheidende ›Macher‹ (der gleichwohl unter besonderem Druck von Klett stand), ...«[166]
»Im Berufsstand der Stadtplaner traten gelegentlich – wie in Stuttgart, aber auch in anderen Städten, etwa Frankfurt – diejenigen Kräfte in die erste Reihe, die ihre geistige Heimat in den von Sozialutopien reichen zwanziger Jahren hatten und im Grunde seit

langem darauf warteten, ihre Vorstellungen umzusetzen, dies aber aus politischen Gründen in den Jahren des Nationalsozialismus nicht hatten tun können. Hoss repräsentierte den Typus eines solchen gesellschaftsreformerischen Utopisten der Nachkriegszeit in hoher Potenz. Auch er hatte die Vision eines neuen Stuttgart als Reflex umfassender gesellschaftlicher Neubesinnung und Umwälzung vor Augen, ...«[167]
Unter Hoss' Leitung wurde innerhalb kürzester Zeit der Generalbebauungsplan auf der Grundlage des Verkehrsgerippeplans vom 29. Juli 1947 ausgearbeitet.[168] In diesen Generalbebauungsplan ordneten sich die Bebauungspläne der einzelnen Stadtgebiete oder Straßenbereiche ein.
Hoss schien in erster Linie eigene Gestaltungsmöglichkeiten zu suchen. Er ging dabei ganz pragmatisch vor. Niemand sollte merken, dass Stuttgart seine Handschrift bekam. In verschiedenen Projekten zeigte sich diese Handlungsweise. Bei dem Wettbewerb zum neuen Rathaus war er mit seinem ersten Entwurf 1950 noch gescheitert. »Hoss hatte innerhalb der Wettbewerbsfrist einen eigenen Entwurf gefertigt, diesen notariell deponiert und im Anschluss an die Preisgerichtstagung den Mitgliedern zur Kenntnis vorgelegt. Er hatte sich nach eigener Aussage für verpflichtet gehalten, ›diesen Beitrag dem Preisgericht und der Gemeindevertretung zur Verfügung zu halten unter ausdrücklicher Beschränkung auf den Fall, dass eine überzeugende, den Wettbewerbsbedingungen voll entsprechende Arbeit nicht ermittelt werden kann.‹«[169]
Paul Bonatz, Richard Döcker und andere urteilten vernichtend in einem Gutachten über Hoss' Entwurf. Zum einen hatten seine architektonisch-gestalterischen Fähigkeiten ihre Grenzen. Zum anderen war es eine unvorstellbare Handlungsweise, nach Abschluss eines Wettbewerbsverfahrens, an dem er als Preisrichter beteiligt war, weiterhin am eigenen Entwurf festzuhalten und ihn als besser zu empfinden als das Wettbewerbsergebnis.[170]
Anfang 1952 machte Hoss sich eine antimodernistische Stimmung bei den Stadträten zunutze und arbeitete darauf hin, dass Gestaltungsmerkmale seines Entwurfs Stück für Stück in die neuen Planungen übernommen wurden.[171]
Er behandelte seine eigenen Pläne sehr zurückhaltend, brachte andere jedoch zum Scheitern, sodass seine als einzige Möglichkeit übrig blieben.[172] Mit diesem Verhalten geriet er in die Kritik der Architektenschaft, die auch der städtischen Baupolitik in weiten Teilen nicht besonders wohlwollend gegenüberstand. Die Konsequenz aus den

Auseinandersetzungen um das neue Rathaus war Hoss' Austritt aus dem BDA.[173]
Hoss war sehr machtbewusst. Dabei war er fleißig, gewissenhaft und zeichnete sich durch hohe Sach- und Fachkenntnis aus. Er schien sich als Treuhänder der Stadt zu fühlen. Einmal errungene Kompetenzen und ihm unterstellte Arbeitsbereiche gab er ungern wieder ab und spielte dabei oftmals seine Position aus. So betonte er: »Als Technischer Beigeordneter nehme ich für mich in Anspruch, in einer mir im Rahmen meiner Dienstobliegenheiten richtig erscheinenden Weise während der Planung und Baudurchführung persönlich mitzuwirken [...] Die Federführung bitte ich mir zu überlassen.«[174]
Somit war die ZAS immer mit Arbeitsaufträgen überlastet, und die Bearbeitung einzelner Bauaufgaben zog sich über lange Zeiträume hin.
1948 wurde das bis dahin Walther Hoss direkt unterstellte Planungsamt mit Karl Gonser als Leiter neu besetzt. Dies hatte zur Folge, dass das zur Planerstellung erforderliche Personal, so auch die Geometer, zum Planungsamt zählen sollte. Doch Hoss hatte anderes vor. Er behielt sich das Recht vor, diese Kräfte weiterhin sich unmittelbar zu unterstellen, um die aus dem Aufbaugesetz sich ergebenden Aufgaben wie die Baulandumlegung selbst direkt anweisen zu können. »Hoss konnte auf Grund der Satzung der ›Zentrale für den Aufbau der Stadt Stuttgart‹ (§3) wie ein Referent des Bürgermeisteramtes entscheiden, darüber hinaus den der ZAS unterstellten Ämtern alle fachdienstlichen Weisungen erteilen; schließlich bedurfte auch die Geschäftsverteilung und Stellenbesetzung seiner Zustimmung. ... Die eigentliche Bearbeitung der Pläne erfolgte in der ZAS, ...«[175]

Hoss' Vorstellungen für den Aufbau

Hoss hatte genaue Vorstellungen davon, wie der Aufbau in Stuttgart sowohl verwaltungstechnisch als auch architektonisch ablaufen sollte.
Das neue Aufbaugesetz, das am 18. August 1948[176] beschlossen wurde, kritisierte Hoss vehement. Es ließe der Stadt nicht genügend Handhabe und Spielraum, um den Generalbebauungsplan in allen Punkten einfach und unkompliziert zu verwirklichen. Auch sah Hoss keine Möglichkeit, wie die Stadt bisherige Eigentümer würde ausbezahlen

können, so wie dies die Regelung der Entschädigung im Aufbaugesetz vorsah. So wurde vorgeschlagen, entlang der bisherigen Baulinien nur ein- bis zweigeschossige Bauten zu genehmigen, da so die Entschädigungssummen bei einer Verbreiterung der Straßen und damit einer Rückverlegung der Baulinien geringer gehalten werden könnten. Ab der geplanten, neuen Baulinie durfte in der vorgesehenen Weise gebaut werden.[177]
Hoss sah im Aufbau für Stuttgart nur den Weg der »planvollen Lenkung«. »Wir können keinen zügellosen Liberalismus brauchen, wir brauchen eine planvolle Lenkung.«[178]
Er beklagte in der Aufbaupolitik, dass die Deutschen dazu neigen würden, von einem Extrem ins andere zu fallen.[179] In der näheren Erläuterung, was er sich unter diesem Begriff vorstellte, wird auch deutlich, dass es Hoss an Selbstbewusstsein nicht mangelte. »Freiheit hat im Wirtschaftsleben und im gesamten Rechtsleben nicht dieselbe Gültigkeit wie im Bildungs- und Kulturleben. Der Staat soll nicht in das Wirtschaftsleben hineinregieren. Die Anwendung von Zwangsmitteln durch den Staat muss auf die wenigen Fälle beschränkt werden, in denen sich zuvor jedes menschenwürdige Mittel als untauglich erwiesen hat. ›Planvolle Lenkung‹ bedeutet also für jeden, der den Sinn deutscher Worte nicht verdreht: Lenkung in demokratischer Art und Steuerung eines rechtzeitig ermittelten Planes, der im vorliegenden Falle das Zusammenwirken von öffentlicher und privater Initiative beim Aufbau betrifft.«[180]
»Kann man annehmen, dass von jetzt ab die Deutschen aus sich heraus Neues wollen? – Sie sind noch nicht zu der geistigen Revolution fähig, die kommen wird. An der Vorbereitung dieser Erneuerung haben die Einsichtigen und Zukunfttragenden zu arbeiten.«[181]
Für ihn stand fest, »dass die einzig zweckmäßige Methode die Erarbeitung des Entwurfs des gesamten Stadtbauplans darstellt, in den dann später die Einzelpläne sich von selbst einfügen«.[182] Dabei sollten diese Ziele nicht durch allzu weitreichende Zugeständnisse an die Betroffenen gefährdet werden.
Er war von seinen eigenen Fähigkeiten immer überzeugt, die anderen mussten sie erst noch unter Beweis stellen. Im Jahr 1946 kritisierte Hoss die Qualität der Architekten, die seiner Meinung nach nicht ausreichend war für den notwendigen Aufbau. Er schlug vor, »den freien Berufsstand der Architekten solange nicht mehr als frei anzusehen, bis dieser Berufsstand für seine Gegenwarts- und Zukunftsaufgaben erzogen ist«.[183]
Hoss sah aber auch, dass der Aufbau von Stuttgart unmöglich innerhalb von wenigen

Jahren zu schaffen war und betonte immer wieder, man müsse vor allem auch der nachfolgenden Generation die Möglichkeit geben, Stuttgart aufzubauen und zu formen. »Wir sind Übergang! Entscheidend für die Zukunft des Deutschen Volkes ist es, dass wir den rechten Grund für den Neuaufbau legen. In der Fortsetzung unseres Beginnens durch die nächste Generation wird dann unsere Rechtfertigung liegen, wenn die nach uns das von ihnen zu übernehmende Werk im Innersten als das ihrige anerkennen.«[184]

Hoss sah sich als Vater des Aufbaus. Dabei wollte er Neues schaffen, Altes aber durchaus respektieren, jedoch nicht um jeden Preis. »Ich bekenne mich ehrlich zu der Verpflichtung einer gesunden Bewahrung der Tradition. Ebenso entschieden lehne ich aber ein primitives Festhalten am Bestehenden, das einer Lösung dringender Gegenwartsaufgaben im Wege steht, ab.«[185]

Die Verkehrsplanung spielte bei der Beurteilung dessen, was als erhaltenswert anzusehen sei, eine ausschlaggebende Rolle. Der Verkehr schien zu einem Ideal erhoben worden zu sein und damit zum einzig wichtigen Argument.

Politisch war auch für Hoss das Ziel die Demokratie, im Aufbau die gemeinsame Planung mit allen Beteiligten. In der Praxis der Übergangszeit konnten diese Ziele allerdings aus den schon erwähnten abschätzigen Ansichten, die Hoss über seine Mitmenschen vertrat, nur undemokratisch umgesetzt werden.

Hoss wollte einen gemeinsamen Aufbau mit allen Beteiligten. Für ihn war die Arbeit und der Aufbau in der Gemeinschaft die Grundvoraussetzung für ein schnelles Gelingen. Deshalb befürwortete er auch die Bildung von Aufbaugemeinschaften[186], die die Baulandumlegung und Bodenneuordnung privat lösen sollten. Er versprach sich davon ein beschleunigtes Verfahren. »Gemeinschaft, wenn sie positiv und fruchtbar sein soll, kann nicht kommandiert werden. Gemeinschaft kann nur auf dem Boden echter menschlicher Bedürfnisse, menschlicher Fähigkeiten, menschlicher geistig-sittlicher und physischer Kräfte entstehen und deshalb auch nur menschlichen und menschenwürdigen Zielen dienen. Alles andere würde früher oder später wie ein Kartenhaus zusammen brechen.«[187]

»Aufbauverfahren heißt in der Praxis Aufbaugemeinschaft. Insofern kann gesagt werden: Aufbaugemeinschaft ist das Ziel. Es wird dadurch der Aufbau wirtschaftlicher, städtebaulich reif, architektonisch einwandfrei und nicht zuletzt: er wird so beschleunigt, dass das Deutsche Volk darüber nicht zugrunde geht.«[188]

Zur Bodenneuordnung wurde eine Art genossenschaftliches System entwickelt, eine Verknüpfung von Privatinitiative und Vergesellschaftung. Dazu wurde eigens eine »Arbeitsgemeinschaft Bodenordnung« unter Federführung von Hoss gegründet. In einem Entwurf zu entsprechenden Gesetzesvorschlägen der Arbeitsgemeinschaft steht: »Es kommt nicht darauf an, dass der Einzelne in irgendeine von einer übergeordneten Stelle entworfene und angeordnete Hülle hineinschlüpft, sondern darauf, dass die Menschen, die in einer Gemeinschaft vereinigt sind, ihre schöpferische Initiative entfalten und sich die entsprechende bauliche Form schaffen können. Nur so entsteht die organisch gewachsene, im Gegensatz zur erdachten, bloß konstruierten Stadt.«[189]
Der idealistische Ansatz der Bildung von Genossenschaften und Aufbaugemeinschaften – er steht im Gegensatz zu seinen Ansichten von der Erziehung der Menschen zu den »richtigen« Zielen – wurde von Hoss mit großem Ehrgeiz verfochten.[190]
Er hatte sich ein genaues Gesellschaftsbild gemacht und ging mit dieser Vorstellung an die Arbeit. Nach und nach musste er jedoch erkennen, dass sich diese Gesellschaft nicht so entwickelte oder verhielt, wie er sich das vorgestellt hatte. Die Probleme sah Hoss in dem schon lange verloren gegangene Vertrauen der Bevölkerung in die Behörden. »... dann komme ich, in der Bemühung um ein möglichst gerechtes Urteil, zu dem Ergebnis, dass die Verständigungsversuche zwischen der Bevölkerung und der Behörde gescheitert sind, weil auf dem Gebiet des Aufbaus wie auf allen Gebieten das Vertrauen zwischen der Bevölkerung und den Behörden praktisch lange vor 1945 verloren gegangen ist.«[191]
Mit den Jahren der Auseinandersetzungen und der Arbeit im Stuttgarter Aufbau beschädigte die Realität die höheren Ideale von Hoss, dem Utopisten der zwanziger Jahre, wie ihn Bernhard Sterra nannte. Manchmal konnte er die aufkommende Resignation nicht völlig zurückhalten.
Zu Beginn der Aufbauarbeiten und auch 1954[192] betonte Hoss noch, dass Privatinitiativen der Stadt viel Arbeit ersparen könnten. Der Aufbau von Stuttgart könne so unbürokratisch und schnell vonstatten gehen und würden vor allem zu einem für alle Beteiligten zufriedenstellenden Ergebnis führen. 1956 sagte er: »Die Stadt ist aber aus Erfahrung zu der Behauptung berechtigt, sie wäre bei amtlicher Abwicklung des Bebauungsverfahrens und bei amtlicher Abwicklung des daraufhin eingeleiteten Umlegungsverfahrens weiter voran gekommen, wenn nicht am Ziel.«[193]

Er beschloss, die private Initiative der Aufbaugemeinschaft Hirsch-, Nadler-, Stein- und Milchstraße für gescheitert zu erklären. »Mit diesen Anträgen will ich nicht ein für alle Mal private Initiativen bei der Umlegung ausschließen. Jedoch muss die Behörde, wenn sie erkennt, dass aus privater Initiative keine konstruktiven und produktiven Leistungen mehr in einer bestimmten Sache zu erwarten sind, eingreifen und ihr zustehende Aufgaben gewissenhaft erfüllen, will sie sich nicht schuldig machen.«[194]

Auseinandersetzungen mit Klett

Nach und nach ernteten Hoss und die ZAS Kritik wegen der langen Verzögerungen und Bausperren, die über weite Teile der Innenstadt verhängt wurden. Wortführer dieser Kritik war bemerkenswerterweise oftmals Oberbürgermeister Klett selbst. Er stand nicht hinter seinen Mitarbeitern[195] und hinterfragte nicht, warum diese oder jene Entscheidung so lange verzögert wurde, sondern er verstärkte den Chor der Öffentlichkeit. Hoss, der eigentlich die Pläne der Stadt vertrat, musste sich allein rechtfertigen.[196]

Auch die Frage der Kompetenzen führte häufig zu Auseinandersetzungen zwischen Klett und Hoss. Über die Jahre hinweg wurde immer wieder deutlich, wie empfindlich Hoss bei Einmischungen seitens Klett war. Umgekehrt zeigte sich aber, dass auch Klett durchaus sensibel reagierte, wenn er der Meinung war, er werde nicht über alles informiert oder könne gar beleidigt werden.[197]

Klett wurde häufig als Vermittler von der Öffentlichkeit angesprochen und machte auch oft Zugeständnisse und gab Versprechen, die mit Hoss nicht abgesprochen waren und komplette Planungsphasen zunichte machten.

Aus verschiedenen Aktennotizen oder Briefen geht hervor, dass Hoss mit Klett im voraus Absprachen über sein weiteres Vorgehen traf und andere Mitglieder der Ausschüsse »beredete«, sodass bei Sitzungen das Abstimmungs- beziehungsweise Verhandlungsergebnis möglichst in seinem Interesse ausfallen würde. So geschah es zum Beispiel bei der Diskussion um den Abriss des Kronprinzenpalais, als er die einzelnen Mitglieder des Ausschusses von seiner Auffassung überzeugen wollte.[198] Es gibt weitere Beispiele, die zeigen, dass dieses Vorgehen kein Einzelfall war. »Ich halte es nicht für zweckmäßig, mit den Sachverständigen der Aufbaugemeinschaft über die von ihnen angeschnittenen

Fragen zu verhandeln, ehe nicht sicher ist, dass keine Einwendungen gegen den öffentlich aufgelegten Plan mehr erhoben werden.«[199]

Obwohl Hoss in verschiedenen Schreiben an Klett immer wieder darauf aufmerksam machte, dass er keine Einmischung in seine Kompetenzen als Leiter der ZAS und als Generalbaudirektor wünsche, sprach er doch seine Vorschläge und Vorgehensweise im Technischen Ausschuss mit Klett im voraus ab.

Es scheint, als ob er sich auf diese Weise absichern wollte und Rechtfertigung suchte gegenüber den Klagen der Aufbaugemeinschaft, die Stadt würde die Einigungen und das Baulandumlegungsverfahren behindern. So besprach Hoss nicht nur einzelne Details, sondern er gab ausführliche Berichte mit Erwähnung aller Besprechungen und gewechselter Schreiben.[200]

Trotz vielfältiger Differenzen und Auseinandersetzungen wandte sich Hoss immer wieder vertrauensvoll an Klett, der zu den wenigen gehörte, der in Hoss' »geheime« Pläne für den Großraum Stuttgart eingeweiht war. Gemeinsam festgelegte Sprachregelungen oder Aussagen vor verschiedenen Ausschüssen sollten eine gemeinsame Linie betonen.[201]

Hoss galt als hervorragender Rhetoriker. Seine Überzeugungskraft beim Vorstellen seiner Pläne zum Rathaus muss so überwältigend gewesen sein, dass anschließend alle seiner Meinung waren.

Im Sitzungsprotokoll der Technischen Abteilung vom 24. Juli 1950 war zu lesen »die Abteilung sei, unter dem Eindruck des Vortrags von Professor Hoss stehend, geneigt, die Dinge nicht ganz objektiv zu beurteilen«.

»Überraschenderweise erklärten die Vertreter aller Fraktionen in der öffentlichen Sitzung am 7. Mai 1951 ihre Überforderung, sich für eines der vorgeschlagenen Projekte zu entscheiden. Hoss hatte sich einer Beurteilung der Entwürfe enthalten, so dass ohne eine Vorbereitung durch ihn die Debatte eröffnet wurde, bei der dann ›allgemeine Ratlosigkeit‹ herrschte.«[202]

Sterra vermutet sogar, dass die Formulierungen der Wettbewerbsrichtlinien durch Hoss auf den eigenen Entwurf abgestimmt waren, um ihn dann als die beste Lösung der Öffentlichkeit präsentieren zu können.[203]

So scheint er auch hier bewusst sein ihm nachgesagtes Verhandlungsgeschick eingesetzt zu haben. Denn den Gemeinderat ohne Vorbereitung in eine Debatte über einen

Wettbewerb zu schicken, kann auch Taktik sein, um die eigene Position als unverzichtbarer Fachmann zu stärken. Ebenso wurde oftmals seine Abwesenheit bei Besprechungen bedauert, da mit ihm wohl ein anderes Ergebnis zustande gekommen wäre.[204]
»Es ist richtig, dass Herr Prof. Hoss sehr oft Worte des Verständnisses für die Ruinenbesitzer hat, allerdings ohne denselben Taten folgen zu lassen. Er liebt es aber, ihre Wortführer herunter zu setzen.«[205]
1948 war die Stadt soweit, unter Anleitung von Hoss zu erkennen, dass der Raum- und Zeitplan des Aufbaus koordiniert werden musste. Die Architekten hatten (nach Impulsen von Hoss) begonnen, ihre Aufgaben zu erkennen.[206]
Hoss war aber ein großer Hitzkopf, der sich schnell hinreißen ließ. Auf Angriffe reagierte er sehr empfindlich, zumal, wenn er in Ausschüssen seine Position ohne Unterstützung von Klett allein vertreten musste. Er war sehr nachtragend. Oftmals sammelte er wie ein gekränkter Schuljunge alle Erniedrigungen, um sie dann – säuberlich aufgelistet – mit Verweis auf die entsprechenden Schreiben und Bemerkungen anzuprangern.
»Weder vorher noch bei dieser Gelegenheit haben Sie es für nötig befunden, auch nur mit einem Wort meine Arbeit zu erwähnen. [...] Damit kann sie aber nicht erledigt sein, denn ich muss in meiner dienstlichen Zuständigkeit meine Pflicht tun können.«[207]

Hoss' Rolle beim Abriss

Aus der Debatte um den Abriss hielt sich Walther Hoss die meiste Zeit heraus. Die Teilnahme an der öffentlichen Diskussion zum Abriss, zu der die Fachschaft der Technischen Hochschule Stuttgart am 24. Juli 1959 eingeladen hatte, sagte er ab, da er dienstlich verhindert sei.[208] Er stellte sich lediglich schriftlich zu den Vorwürfen der Öffentlichkeit.
Gegenüber dem Regierungspräsidium war Hoss in seiner Stellungnahme darauf bedacht – dies wieder in Abstimmung mit Klett –, dass die Aussagen der Stadt und Hortens möglichst große Übereinstimmung aufwiesen.[209]
Seine Argumentation gegenüber der Fachschaft auf der einen und dem Technischen Ausschuss auf der anderen Seite ging aber deutlich auseinander.

Aus einer Zusammenstellung der Verwaltungsabläufe, die er den Studenten zur Verfügung stellte, ging hervor, dass die »Initiative zu Änderungen der Baumasse und ihrer Gestaltung vom Antragsteller beziehungsweise seinen Architekten« ausging. Er räumte jedoch geringfügige Änderungswünsche seitens der Stadt ein, die auf eine Rückverlegung der Schaufensterfront an der Eberhardstraße hinausliefen, um die dortigen Verkehrsverhältnisse etwas zu verbessern. Er bezeichnete die Veränderungswünsche jedoch als so gering, dass die Fassade »im Wesentlichen« hätte erhalten bleiben können. Die immer größer werdenden Bauvolumen waren Ursache dafür, dass erst die rückwärtige Front an der Geißstraße, später dann auch an der Stein- und Hirschstraße wegfielen.[210]

Da die Steinstraße die wichtigste Zufahrtstraße in den Block um das Kaufhaus Schocken war, sollte sie ausreichend verbreitert werden. Im Lageplan von 1954 war der Straßenverlauf begradigt worden, der Fußweg dadurch aber stellenweise über sechs Meter breit.

Bei Erweiterungsanträgen 1952 war ein Rücksprung an der Ecke Stein-/Milchstraße zwingend, um für Fußgänger und Verkehr keinen Engpass entstehen zu lassen. Die neue Straßenecke musste großzügig gerundet sein, damit die anliefernden Lastwagen in die Milchstraße einbiegen konnten.[211]

Aus dem Wunsch nach einem klaren Baukörper für das Kaufhaus und nach Übersichtlichkeit des Verkehrs wurde dann im Baugesuch 1957 die Fassade begradigt.[212]

Im Gutachten zum Abriss-Antrag wird die Straßenverbreiterung und damit der notwendige Abriss der Steinstraßenfassade als ein wesentlicher Grund für einen Neubau angegeben.[213]

Mit einem weiteren Argument widersprach Hoss sich selbst. Er führte an, dass das Kaufhaus Schocken von Mendelsohn als »architektonisch-plastische Einheit« geplant worden war und es deshalb nicht nur um den Erhalt von Fassaden gehen könne.[214] Aber selbst eine Zurückverlegung der Schaufensterfront hätte eine Veränderung der »Plastik« bedeutet.

Dafür, dass der frühe Wunsch nach einer ausschließlichen Erweiterung nicht ausgeführt wurde, machte er die Firma Horten verantwortlich, der offenbar nur eine Erweiterung nicht mehr genügt habe. Die Veränderungen an der Eberhardstraße waren ebenfalls nach Hoss' Ausführungen nur auf Wünsche des Bauherrn zurückzuführen, der eine

größere Bauhöhe anstrebte und somit den Abstand zur gegenüberliegenden Bebauung erhöhen musste. Natürlich wurde dieser Wunsch von Seiten der Verkehrsplanung sehr begrüßt. Sollte die Mendelsohnfassade jedoch erhalten bleiben und auch die Verkehrssituation verbessert werden, so müssten sowohl auf der Seite von Schocken als auch auf der Seite des Tagblattturms die Fußwege in die Gebäude hinter Arkaden verlegt werden, wie es in einem noch nicht rechtsgültigen Bebauungsplan vorgesehen war.[215]
Hoss bot in einem Schreiben an Egon Eiermann an, sich für die Variante einer Unterfahrung des Treppenhausturms stark zu machen, wenn dadurch die Fassade zu erhalten wäre. »... Wir empfinden es wohl beide als erzwungen und deshalb als wenig überzeugend, wenn man etwa 90 Prozent, wenn nicht gar mehr, vom jetzigen Bau beseitigen und womöglich nur die Fassade an der Eberhardstraße in den Neubau einzugliedern versuchen würde. [...] Die Stadtverwaltung von Stuttgart kann nicht auf die Verbreiterung der Eberhardstraße verzichten. Wollte man von der Mendelsohnfassade charakteristische Merkmale, in erster Linie den Treppenhausturm erhalten, so müsste dieser vom Fahrverkehr unterfahren werden müssen. [...] Ich wäre bereit, einen solchen Vorschlag beim Gemeinderat als Ausnahme an diesem Standort und in Rücksicht auf das Werk von Mendelsohn zu befürworten.«[216] Nur eine Erhaltung der Fassade an der Eberhardstraße wurde vom Bürgermeisteramt nicht befürwortet.[217]
Hoss führte weiter an, dass es eine Skizze von Mendelsohn gebe, wonach die Basis des Kaufhauses ursprünglich noch viel weiter vorgezogen werden sollte. Aber auch Mendelsohn musste der beengten Situation in der Eberhardstraße Rechnung tragen. Hoss wiederholte nachdrücklich, dass die von der Stadt gewünschten Änderungen der Hauptfassade äußerst gering waren und alle weiteren Wünsche ausschließlich von den Bauherren ausgingen. Er erlaubte eine Veröffentlichung dieser Angaben während der Diskussion der Fachschaft.[218]
In einer nichtöffentlichen Sitzung des Technischen Ausschuss zum Thema, ob und wie es möglich wäre, den Bau von Mendelsohn zu erhalten, wies Hoss darauf hin, dass das Bürgermeisteramt keine Handhabe hätte, wenn der Bauherr – wie es der Fall sei – selbst einen Abriss wollte. Er bediente sich ebenfalls des Arguments von Eiermann, dass wahrscheinlich Mendelsohn selbst für einen Abriss gestimmt hätte.[219]
Die »großen baulichen Eingriffe in Folge der Straßenverbreiterung (Beseitigung des

Treppenturms)« – und das steht nun im Widerspruch zu Hoss' Aussagen gegenüber der Fachschaft – machten einen Erhalt nicht möglich.[220]
Einerseits bezeichnete er den Schocken als ein erhaltungswürdiges Gebäude – aber erst, nachdem der Denkmalrat diesen Standpunkt äußerte – andererseits konnte nach seiner Aussage die Stadt überhaupt nichts für den Erhalt des Gebäudes tun, da alle Wünsche auf den Bauherrn zurückzuführen seien.

Arnulf Klett

Arnulf Klett wurde 1945 von der Militärregierung als Oberbürgermeister von Stuttgart eingesetzt.
Während der ersten Jahre seiner Amtszeit stand für ihn immer der Wunsch im Vordergrund, mit dem Fortschritt des Aufbaus in Stuttgart im Vergleich zu anderen Städten nicht ins Hintertreffen zu geraten.[221] »Ich möchte nicht haben, dass die anderen Städte in der Schuttbeseitigung und im Wiederaufbau uns deshalb überflügeln, weil sie diesen Arbeitseinsatz und Ehrendienst eingeführt haben.«[222]

Kletts Vorstellungen für den Aufbau

Er hatte große Ziele für Stuttgart. »Dennoch darf nach unserer Überzeugung die Pflege und Erhaltung historisch Gewordenen nicht zum Selbstzweck werden. Wir müssen das geschichtlich Gewordene dort erhalten, wo die Erhaltung sinnvoll ist, und dürfen vor Eingriffen dort nicht zurückschrecken, wo die Erhaltung sinnlos würde. Die Erhaltung ist dort sinnvoll, wo die geschichtlich gewordene Gegenwart die Zukunft befruchtet, dort aber nicht, wo sie die gegenwärtige und künftige Entwicklung ausschließlich oder überwiegend hemmt. Wertvoller als die beschädigte Fassade der Ruine des Kronprinzenpalais, die maskenhaft vor einer Trümmerwüste steht, ist der lebendige Mensch unserer Zeit und unserer Stadt. Diesem haben wir zu dienen.«[223]
Mit diesem Plädoyer gab sich Klett einen Freischein für den Abriss jedes noch stehen gebliebenen Gebäudes in Stuttgart. Er sah keinen Sinn in einer Rekonstruktion, er wollte eine neue Stadt erschaffen.
Diese Auffassung vertrat er auch bei Vorträgen im In- und Ausland. In Zürich erklärte er seinen Standpunkt: »Das Wort Aufbau habe ich deshalb gewählt, weil von vornherein

der Eindruck vermieden werden soll, als ob es sich um eine schematische Wiederherstellung des alten Zustandes oder gar um eine sklavische Nachahmung handeln könne. Wir planen vielmehr bei aller Pietät für die wenigen uns verbliebenen historischen Baudenkmäler einen Neubau, der modernen, wirtschaftlichen, kulturellen und konstruktiven Ideen Rechnung trägt.«[224]

Mit wenigen Sätzen machte Klett seine Ziele und Vorstellungen deutlich. Das Beharren auf der Verwendung des Wortes »Aufbau« war bezeichnend für die immerwährenden Kompetenzstreitigkeiten in der Stuttgarter Stadtverwaltung der Jahre nach 1945. »Ich verstehe nicht, dass immer wieder das Wort ›Wiederaufbau‹ auftaucht. Wir sind doch längst der Überzeugung, dass es keinen Wiederaufbau von Stuttgart, sondern nur einen Aufbau gibt. Kann sich denn dieser Begriff nicht auch bei den Sachbearbeitern der ZAS allmählich einbürgern?«[225] Dass es nicht um die Formulierung eines Wortes – Wiederaufbau war allgemeiner Sprachgebrauch in ganz Deutschland – ging, ist klar. Aber Klett sah darin möglicherweise einen Weg, sich auch im Aufbau von anderen Städten abzuheben und die in seinen Augen besondere Stellung Stuttgarts zu betonen. Kletts Handeln war von einem starken Prestigedenken, für seine eigene Person genauso wie auch für Stuttgart, geprägt. Er war der – zunächst ernannte, später gewählte – Oberbürgermeister, der die Bevölkerung Stuttgarts aus dem Krieg in eine wirtschaftlich positive Zeit führen wollte. So schlug er zum Beispiel vor, Stuttgart zur Bundeshauptstadt zu machen.[226] Sein Ziel war es, Stuttgart zur modernsten Stadt Deutschlands werden zu lassen.

In der anfänglichen Doppelbesetzung der Leitung der ZAS mit Richard Döcker und Walther Hoss sah Klett die Voraussetzungen dafür gegeben. »Ich halte von beiden nach dem Gesichtspunkt der Aktivität außerordentlich viel. Wir brauchen jemand, der mit dem nötigen Motor versehen und in der Lage ist, rasch und mit Erfolg zu arbeiten.«[227] Mit Hoss und Döcker hatte Klett zwei Vertreter des modernen Städtebaus gefunden. Ihre Ernennung bedeutete auch ein Ende der bis dahin bestehenden Kontinuität in der Ämterbesetzung der Stuttgarter Verwaltung über das Kriegsende 1945 hinaus – Baudirektor Ströbel zum Beispiel war seit zwanzig Jahren im Planungsamt tätig.

Kletts zu Beginn positive Einstellung zu einer modernen Ausrichtung des Aufbaus wich einer zunehmenden Ernüchterung, je mehr die Bewältigung der Aufgaben von Abwarten

geprägt war. Ihm dürfte »die ganze gesellschaftspolitische Dimension der Planung Döckers nur so lange angenehm gewesen sein, wie der tatsächliche Aufbau dadurch keine Verzögerungen erlitt und die Verwirklichung eigener, durchaus ehrgeiziger Projekte dadurch nicht behindert wurde«.[228]
Döcker wollte erst einmal die Fertigstellung des Generalbebauungsplans abwarten, um nicht im Vorfeld Bauvorhaben zu genehmigen, die dann nicht ins Gesamtkonzept passten. Damit zog er sich den Unwillen des Gemeinderats zu, der sich in verschiedenen Sitzungen Anfang 1947 entlud. »Er sieht nicht das Tagesproblem, er sieht nicht, dass an sich er der Versager im tätigen Arbeiten gewesen ist. [...] Dann bleibt uns eben keine andere Möglichkeit, als dass wir das ändern.«[229]
Walther Hoss wurde Döckers Nachfolger. Bei seiner Amtseinführung hielt Klett eine Lobrede auf ihn und sein Engagement für die Stadt: »Diejenigen, die nicht in der Verwaltungsabteilung selbst dabei waren, wissen nicht, [...] dass Hoss – vielleicht darf ich den Ausdruck hier gebrauchen – ›hehlingen‹ [heimlich, unmerklich] gearbeitet hat an einem Plan, der das teilweise ersetzen kann, was bei Döcker nicht zustande gekommen ist in neun Monaten, nämlich zu versuchen, einen Generalplan oder einen Aufbauplan eben doch zustande zu bringen.«[230]
1946 wurde für die Planung der Altstadt ein Wettbewerb ausgeschrieben. Es war der erste deutsche Wettbewerb dieser Art nach dem Zweiten Weltkrieg.[231] »Innerhalb des Wettbewerbsgebietes war vom Auslober eine ganze Reihe der nur teilzerstörten Gebäude aus wirtschaftlichen Gründen für einen Wiederaufbau vorgesehen. Dies betraf in erster Linie die seit der Jahrhundertwende massiv errichteten Bauten: Das Rathaus, die Kaufhäuser Breuninger und Bletzinger, das Geschäftshaus ›Eberhardsbau‹ [...]; zu dieser Gruppe gehörten schließlich noch das Kaufhaus ›Schocken‹ von Erich Mendelsohn in der Eberhardstraße, sowie eine historische, unversehrt gebliebene Bebauungszeile an der Hauptstädter Straße. Diese Bauten konnten, so das Programm, ›unter Anpassung an die neue Bauidee‹ im Äußeren verändert werden.«[232]
Der Wettbewerbsbeitrag von Wilhelm Tiedje und seinen Mitarbeitern sah einen Abriss des Schocken-Baus vor, zum einen bedingt durch den Ausbau der Eberhardstraße, zum anderen durch die Orientierung und die Erweiterung des Rathauses in Richtung Eberhardstraße. An die Stelle des Schocken sollte eine Platzanlage treten, die das repräsentative Ambiente für den Rathauserweiterungsbau schaffte. Der Entwurf konnte das

Preisgericht allerdings – vor allem durch den erheblichen Eingriff in den Baubestand und in den Stadtgrundriss – nicht überzeugen.[233]
Klett drängte auf eine Forcierung des innerstädtischen Aufbaus, um ein wirtschaftliches Vorwärtskommen zu fördern. »Ich habe den Eindruck, dass noch nicht jede Möglichkeit ausgeschöpft ist, die geeignet ist, dem Aufbau in Stuttgart förderlich zu sein.«[234]
In diesem Zusammenhang wurde angeregt, bis zur Fertigstellung des Bebauungsplans vorerst provisorische Bauten zu genehmigen und so das wirtschaftliche Leben in Gang zu halten. Ab 1951 änderte sich die Politik in dieser Hinsicht. Genehmigungen für Provisorien wurden nur noch in Ausnahmefällen erteilt[235], da nun befürchtet wurde, der Aufbau könne unnötig verzögert werden.
Neben den wirtschaftlichen Gründen für einen möglichst raschen Aufbau stand vor allem Kletts überstarkes Prestigebedürfnis. »Ich mache noch darauf aufmerksam, dass das Gebiet Hirsch-, Stein-, Nadlerstraße zwischen Rathaus und Kaufhaus Merkur unbedingt Ende 1960 restlos aufgebaut sein sollte.«[236]
Der Bereich um das Rathaus, das 1956 fertiggestellt wurde, war natürlich ein repräsentatives Stadtgebiet. 1961 sollte die Bundesgartenschau in Stuttgart stattfinden[237], sodass Klett nach außen hin den Fortschritt in der Umsetzung der großen städtebaulichen Pläne sehen wollte. Auch der Wettstreit mit anderen Städten um die Führung im Aufbau stand für ihn immer noch im Vordergrund und wurde als politisches Druckmittel eingesetzt. Obwohl Stuttgart längst nicht mehr an der Spitze war, wurden Ämter und Bevölkerung noch lange auf diesem Stand des Wissens gehalten.[238]
Zur Eröffnung des neuen Rathauses propagierte Klett: »Mit dem neuen Haus wird ein Bekenntnis zum neuen Bauen abgelegt. Bauherr und Baukünstler wollten nicht Vergangenes steril nachahmen, sondern einen mutigen Schritt nach vorwärts tun, ehrlich und würdig zugleich einem neuen Stil entgegen.«[239]
Dieser neue Stil, der, wie erwähnt, dem Menschen der Zeit dienen sollte, zeichnete sich vor allem durch eine »repräsentative Überhöhung des Funktionsträgers ›Straße‹« aus. Klett und Hoss waren eifrige Verfechter dieses »Ideals«. Der »stadtbauhistorische Kulturwert« galt als überholt und verlor an Wichtigkeit. Beispiel dafür war auch die Planung der Planie und der damit verbundene Abriss des Kronprinzenpalais.[240]

Klett als Ansprechpartner

Mit Arnulf Klett und Walther Hoss standen zwei prägende Persönlichkeiten im Mittelpunkt des Aufbaus. Während Hoss mit allen ihm zur Verfügung stehenden Mitteln an der Verwirklichung »seiner« Pläne arbeitete, wird bei Klett zu verschiedenen Gelegenheiten deutlich, dass ihm die Einhaltung des Dienstwegs im Verwaltungsablauf nicht immer notwendig erschien. Er scheint Entscheidungen durch gezieltes Weitergeben oder Zurückhalten von Informationen manipuliert zu haben. »Mahnende Stimmen an den Oberbürgermeister fanden kein Gehör und wurden auch nicht publik gemacht.«[241]
»Die auf Grund einer öffentlichen Aufforderung an die Bevölkerung, sich zu dem ersten Vorentwurf zu äußern, an das Bürgermeisteramt eingegangenen Zuschriften wurden dem Gemeinderat nicht zur Kenntnis gebracht; sogar Hoss meinte: ›Direkte Zuschriften an das Bürgermeisteramt scheinen nicht eingegangen zu sein, ich jedenfalls verfüge über solche Zuschriften nicht‹, so dass er zu dem Schluss kommt, ›dass die Mehrheit der Bürgerschaft die moderne Haltung des neuen Rathauses bejaht‹. Erst nachträglich wurde bekannt, dass doch zahlreiche Zuschriften eingegangen waren.«[242]
In Verhandlungen ging Klett mit diplomatischem Fingerspitzengefühl vor. Zu keiner Zeit der Auseinandersetzungen um die Bebauung im Gebiet um den Schocken wurde ihm parteiisches Verhalten vorgeworfen. »Auf Vorschlag von Herrn Oberbürgermeister ziehen sich die Vertreter der Stadt zu einer kurzen Besprechung zurück und Herr Oberbürgermeister legt anschließend folgenden Vorschlag vor.«[243]
Er engagierte sich in vielen Belangen, doch anscheinend nur so lange, wie es seinem Bedürfnis nach Ansehen entsprach, wie verschiedene Mahnungen zeigen: »Trotzdem mein Rechtsanwalt schon Dutzende von Schreiben in diesem Sinne an den Herrn Oberbürgermeister ergehen ließ, wurde jenes Versprechen bis heute nicht eingelöst.«[244]
Auch im Umgang mit einem Vertreter der Aufbaugemeinschaft, dem Vermessungsingenieur Roller, zeigte sich Kletts Einstellung – ähnlich wie bei Hoss – zur »Bildung der richtigen Meinung« bei anderen. In unzähligen Verhandlungen kritisierten die Vertreter der Stadt, die Aufbaugemeinschaft wolle sich nur zu Lasten der Stadt bei der Baulandumlegung einigen. Das war auch der immer wieder angegebene Grund, gegen alle Vorschläge von Vermessungsingenieur Roller Einspruch zu erheben, wodurch Einigungen verzögert wurden. Zu Beginn des Aufbaus sagte Klett jedoch: »Nun darf man meines Er-

achtens nicht verkennen, dass insbesondere der öffentlich bestellte Vermessungsingenieur Eugen Roller eine über jeden Zweifel erhabene, sehr korrekte Persönlichkeit ist, die sicher bereit wäre, das Äußerste im Sinne der Berücksichtigung der Interessen der Stadt als Grundstückseigentümerin zu tun, wenn man Herrn Roller in einer von Ihnen [Hoss] zu leitenden Besprechung entsprechend orientieren würde. Wäre Herr Roller dann genau orientiert, so könnte er ja mit den Herren Architekt Geiger und Professor Schuhmacher weiterverhandeln und auf diese Weise die Initiative der Aufbaugemeinschaft Hirsch-, Stein- und Nadlerstraße doch noch im besten Sinn des Wortes auswerten und ausnützen.«[245]

Klett genoss – ganz im Gegensatz zu seinen Dienststellen – großes Vertrauen bei der Bevölkerung; er unternahm allerdings nichts, um das Ansehen seiner Mitarbeiter zu verbessern. Er sah die Ursachen für Verzögerungen in der Baulandumlegung ausschließlich in Versäumnissen der Stadt. »... obgleich ich selbst seit vielen Monaten den Eindruck hatte, das ein tatkräftiges, durch vielen guten Willen unterstütztes Mitwirken der zuständigen Mitarbeiter tatsächlich zu einer positiven Lösung hätte führen können, ...«[246]

Klett schien der Auslöser für die öffentlichen Klagen gegen seine Mitarbeiter zu sein. So bat er auch nicht um Stellungnahmen zu Vorwürfen, sondern brachte in verschiedenen Schreiben seine eigene Kritik zum Ausdruck. Gleichzeitig stellte er auf direkte Weise die Kompetenzen seiner Mitarbeiter in Frage. »Ich muss mich natürlich auch fragen, wer denn eigentlich führend mit Aussicht auf Erfolg auf städtischer Seite diese Umlegung vollends zustande bringen und damit den Aufbau in dem genannten Gebiet beschleunigt in Gang bringen kann.«[247] Wenige Sätze später schrieb er, dass nun eine Besprechung mit ihm unerlässlich sei. Also gab er sich und seinen Mitarbeitern gleich selbst die Antwort: Nur er selbst sei in der Lage, diese Angelegenheit zu aller Zufriedenheit zu erledigen.[248] Bis zum Erfolg der Verhandlungen 1959 vergingen weitere zwei Jahre.

Nicht erst während der Diskussion um den Abriss des Schocken, sondern auch schon in den Jahren der Verhandlungen mit der Aufbaugemeinschaft mahnte Klett immer wieder eine beschleunigte Erledigung der Angelegenheit an.[249] Dabei waren seine Formulierungen sehr diplomatisch gewählt, sodass der fordernde und anweisende Tonfall fast verschwand. Seine Beteiligung an Verhandlungen oder bei Fragen zu Baugesuchen und Umlegungsverfahren erklärte sich aus den vielen verschiedenen Zuschriften von Beteiligten, die auf Kletts Mitverhandlung und Vermittlung zu den städtischen

Ämtern großen Wert legten und es auch als Privileg ansahen, wenn der Oberbürgermeister sich um ihre Belange kümmerte.
Auch Roller wandte sich an Klett und bat um Mithilfe: »Ich wäre Ihnen sehr dankbar, wenn wir mit Ihnen und Ihrem Technischen Referenten diesen Zuteilungsentwurf durchsprechen könnten, bevor er den amtlichen Weg an die ZAS und das Liegenschaftsamt antritt.«[250] Diese Anfrage an den Oberbürgermeister zeigt deutlich die Schwachpunkte im Verwaltungsapparat auf.
In Gesprächen mit der Aufbaugemeinschaft betonte Klett immer wieder, wie wichtig ihm die Verwirklichung der Wünsche der Bürger, die immer im Vordergrund stünden, sei.[251]
In einem Schreiben an Hoss 1957 führte er an, dass eine schnelle Bearbeitung im Baugesuch Merkur nun dringend notwendig sei, vor allem auch aus Konkurrenzgründen für Horten, da sowohl Breuninger als auch C&A Neubauten beziehungsweise Erweiterungen errichteten. »Ehe ich nun – noch in diesem Monat – einen Termin anberaume, ..., bei dem natürlich sehr viel Positives herauskommen muss.«[252]
»Ich verweise auf das Schreiben des Herrn Oberbürgermeisters. [...] Nach dieser Anordnung sollen die betroffenen Ämter bekanntlich alle vier Tage über den Fortschritt berichten.«[253] Damit hatte Klett immer die Kontrolle über alle Abläufe in den jeweils zuständigen Ämtern. Walther Hoss war einer der Wenigen, die Klett gegenüber Kritik übten. Klett reagierte darauf sehr empfindlich, sodass es häufig zu Auseinandersetzungen zwischen den beiden kam. Hoss sah sich immer wieder in seiner Zuständigkeit beschnitten. Klett war sich wohl nicht ganz sicher, ob Hoss nicht zu viele Möglichkeiten hatte, seine eigenen Pläne durchzusetzen, und wollte deshalb alles kontrollieren.
»Ich muss es Ihnen überlassen, ob Sie diese Form der Zusammenarbeit trotz meiner gerade innerhalb des letzten Jahres besonders in Erscheinung getretenen positiven Haltung Ihnen gegenüber für richtig halten.«[254]

Klett und der Abriss

Klett schien Horten in den Belangen des Aufbaus im Gebiet um den Schocken zu bevorzugen. Dabei spielten für ihn – wie auch für Horten – wirtschaftliche Gründe eine wesentliche Rolle.

Er wollte die Studenten der Fachschaft, deren »ethisch hoch zu wertenden Impuls« ihn »tief beeindruckte«[255], in der Diskussion mit dem Argument beschwichtigen, dass Mendelsohn ebenfalls lieber für einen Abriss gestimmt hätte, wäre er vor die Aufgabe der Modernisierung gestellt worden.[256] Dass diese Argumente nur Spekulation sein können, hielt Klett nicht davon ab, sie als einen seiner überzeugendsten Diskussionspunkte in der Verteidigung der Abrisspläne einzusetzen.
Klett ließ sich von dieser Meinung auch nicht durch einen Brief und Telefonate von Louise Mendelsohn, der Witwe Erich Mendelsohns, abbringen, die mit den Plänen und Auffassungen ihres Mannes vertraut war. Sie hatte um ein persönliches Gespräch mit Klett gebeten, um ihm die Wichtigkeit von Mendelsohns Bauten zu vermitteln, die ihrer Überzeugung nach erst von späteren Generationen erkannt werden würde. Klett ließ sich allerdings nur auf ein kurzes Telefongespräch ein und sein – leider falscher – Eindruck daraus war, dass auch Frau Mendelsohn sich »einem Neubau [nicht] voll und ganz widersetzen würde«[257]. In einem Schreiben stellte Louise Mendelsohn das Missverständnis dar, betonte, dass aus einem so kurzen Telefonat solch ein Eindruck wohl kaum abzuleiten sei und bat Klett nochmals, sich für den Erhalt des Gebäudes einzusetzen.
Klett bezeichnete den Mendelsohnbau als Torso, der – zwar bedauerlicherweise, aber dennoch – abgerissen werden müsse, da die Einschränkungen bezüglich des Verkehrs in der Eberhardstraße nicht mehr hinzunehmen seien.
In der nichtöffentlichen Sitzung des Gemeinderats im Juni 1959 erklärte Klett, dass die Stadt keine Handhabe gegen den Abriss des Mendelsohn'schen Gebäudes habe, da es bisher nicht unter Denkmalschutz stehe.[258] So einfach, wie Klett es darstellt, war die Situation jedoch nicht. Natürlich konnte die Stadt nichts tun, solange der Schocken nicht geschützt war. Um es aber in die Liste der Baudenkmale aufzunehmen, müsste der Besitzer nach den Regelungen in der Bauordnung entschädigt, notfalls enteignet werden, falls eine Erhaltung des Kulturdenkmals auf andere zumutbare Weise nicht gesichert werden könnte.[259]
Schon 1948 wurde die Frage einer möglichen Enteignung der Merkur AG im Rahmen der Planungen zur Straßenerweiterung erörtert. Dazu bemerkte das Liegenschaftsamt: »Erwerbsverhandlungen lassen bei einer verständlichen ablehnenden Einstellung der Merkur AG unseres Erachtens keinen Erfolg erwarten. Enteignung würde die vorherige

Änderung des Stadtbauplanes (Rückverlegung der Baulinie) voraussetzen. Bei freiwilliger Abgabe und bei Enteignung müsste die Stadt außer dem Grund und Boden, der mit mindestens 400 RM je Quadratmeter zu bewerten ist, dem Eigentümer den Aufwand für die bauliche Umgestaltung ersetzen, der nur durch Sachverständige berechnet werden kann.«[260] Diese Auskunft zeigte die rechtliche Lage auf, in der sich die Stadt befand. Man könnte daraus vermuten, dass die Stadt schon immer Pläne hatte, das Gebäude abreißen oder verändern zu lassen und nun darauf angewiesen war, den Wunsch bei Merkur zu erzeugen, um die erwähnten Zahlungen vermeiden zu können. Wäre die Stadt also zu Zahlungen bereit gewesen, hätte der Bau geschützt werden können.
Klett betonte in der Gemeinderatssitzung weiter, dass die Verbreiterung der Eberhardstraße von Seiten der Stadt nur durch Arkaden geplant gewesen sei. Er erwähnte, dass »sich die Firma Horten in den Verhandlungen der Verkehrsplanung der Stadt gegenüber sehr aufgeschlossen gezeigt und dadurch zu einer guten Lösung an dieser wichtigen Stelle in der Innenstadt beigetragen habe«.[261]
Damit war der Gemeinderat in entsprechender Weise informiert und instruiert, sodass Klett in einem Schreiben an das Regierungspräsidium erklären konnte: »Wie der Gemeinderat in dieser Sache voraussichtlich beschließen wird, geht schon aus dem Schreiben von Professor Hoss [...] hervor.«[262]
In seiner Stellungnahme zum Abrissantrag betonte Klett als erstes, dass der Einspruch Hortens fristgerecht eingegangen und damit zulässig sei. Damit steht eine Fürsprache für den Abriss ohne wirklichen Inhalt an erster Stelle.
Er berief sich in seinen weiteren Ausführungen darauf, dass der Denkmalschutz eine Kann-Regel sei und keine zwingende Vorschrift. Es »ergibt sich – einmal unterstellt, es handle sich im vorliegenden Fall um einen künstlerisch oder geschichtlich wertvollen Bau –, dass der Schocken-Bau zwar erhaltungswürdig sein mag, aber jedenfalls nicht erhaltensmöglich ist und darum aus diesem Grund nicht eingetragen werden kann«[263].
Klett sah ein Versäumnis beim Regierungspräsidium, dass bereits 1952 einen Bebauungsplan genehmigt hatte – er wurde nicht weiter verfolgt –, der schon die zurückverlegte Baulinie in die Hauptfassade des Schocken vorsah und somit der Schaufenstervorbau hätte beseitigt werden müssen. Er argumentierte weiter, auch die Umgebung, die laut Bauordnung ausschlaggebend sein kann, hätte sich im Laufe der Jahre so grundlegend geändert, dass schon aus städtebaulicher Sicht nicht an einen Erhalt

gedacht werden könne. Anders formuliert könnte man also sagen, dass die Realisierung der Erweiterungs- und Umbaupläne Horten schließlich so lange nicht ermöglicht wurden, bis der Bestand nicht mehr in die neue Umgebung passte und damit nicht mehr zwingend (denkmal-)schutzwürdig war.
Klett führte nur einen Grund an, der aus Sicht der Stadt gegen einen Erhalt des Gebäudes sprechen sollte, alle anderen Argumente waren eine Wiederholung der Punkte, die Helmut Horten bereits erwähnt hatte. Die einzige wirkliche Beanstandung am Schocken waren bau-, gesundheits- und feuerpolizeiliche Mängel, die – in Erwartung eines Neubaus – bisher nicht eingefordert worden seien.[264] Schon bei früheren Baugesuchen wurden diese Unzulänglichkeiten in den Gutachten der Bauverständigen angeführt, ließen sich jedoch durch die Erweiterungsbauten in dem Maße beheben, dass einer Genehmigung nichts im Wege stand.
Auch wurde immer wieder betont, Stuttgart sei für Horten bald kein interessanter Standort mehr, und damit war die Gefahr verbunden, dass große Unternehmen wie Horten in andere Städte abwandern könnten, wenn man ihnen nicht entsprechend entgegenkam. Immerhin kämpfte Horten seit knapp zehn Jahren um eine Erweiterung und die fehlenden Umsätze schlugen sich natürlich auch auf geringere Gewerbesteuereinnahmen für Stuttgart nieder.
Weitaus wesentlicher schienen die zu erwartenden Entschädigungsansprüche Hortens gewesen zu sein. »Insbesondere kommt für die Stadt im Zusammenhang mit der Erhaltung des Bauwerks die Übernahme allgemeiner finanzieller Anwendungen zu Gunsten der Firma Horten GmbH nicht in Betracht.«[265]
Falls jedoch alle Argumente eine Eintragung ins Denkmalverzeichnis nicht verhindern könnten, erhob Klett schon im voraus Einspruch gegen eine Eintragung und erklärte, die Stadt sei nicht bereit, die Entschädigung Hortens zu übernehmen.[266]
Zusammenfassend erläuterte Klett, dass diesen vielen genannten Gründen, die gegen einen Erhalt sprechen würden, lediglich der eine Gesichtspunkt des Denkmalschutzes gegenüber stünde.
Kletts eigene Meinung beziehungsweise das Streben nach der bestmöglichen Lösung für die Stadt Stuttgart wurde in seiner Argumentation nicht deutlich. Vielmehr könnte der Eindruck entstanden sein, dass er seine politische Macht als Oberbürgermeister den jeweiligen Interessengruppen zuordnete.

Die Fachschaft

Die Fachschaft Architektur der Technischen Hochschule Stuttgart wurde durch einen Artikel im Juli 1959 in der Tagespresse auf den geplanten Abriss des Kaufhauses Schocken aufmerksam. Sie initiierte sofort eine außerordentliche Versammlung, um ihre Möglichkeiten abzuwägen, etwas für den Erhalt des Gebäudes zu tun. Mit einem Aufruf wandte sie sich an Architekten auf der ganzen Welt und bat um Unterstützung zur Verhinderung des Abrisses. Am 17. August 1959 stellte sie den Antrag auf Eintragung in die Liste der Baudenkmale.

In dem Appell verzichteten sie auf differenzierte Begründungen, warum der Schocken erhalten werden sollte, da die Angesprochenen um die Wichtigkeit des Gebäudes wussten. Die Studenten bezeichneten den Bau als »Markstein in der Geschichte der modernen Architektur«[267], der »über den Rahmen erfüllter Funktionen hinaus durch die Qualität seiner Gestaltung ein Kunstwerk«[268] sei. Wirtschaftliche Gesichtspunkte waren für die Fachschaft nicht ausreichend als ausschlaggebende Kriterien für einen Abriss. »Der Mendelsohn-Bau ist intakt – er muss erhalten werden.«[269]

Die ersten Argumente

Die Studenten legten in einem Schreiben an die Stadt ihre Auffassung über die beispielhafte Bedeutung des Mendelsohn-Baus für die Architekturentwicklung im 20. Jahrhundert dar. Das Gebäude sei Vertreter einer Richtung der zwanziger Jahre, bei der sich die »Form oft durch Übersteigerung des Strukturellen«[270] ergebe. Daraus könne ein Missverhältnis »zwischen der tatsächlichen Bedeutung nach Funktion und ideellem Wert«[271] entstehen. »Die Einheit von Struktur und Erscheinung«[272] sei beim Mendelsohn-Bau beispielhaft ablesbar. Die Fassaden spiegelten die dahinter liegende Skelettkon-

struktion wider, hochliegende Fensterbänder verdeutlichten die Nutzung als Warenhaus, der Schaufenstervorbau betone die »Sonderstellung des Erdgeschosses«[273] und die vertikalen Erschließungen seien in ihrer übersteigerten Ausformung klar erkennbar. Der Treppenhausturm an der Eberhardstraße erfülle darüber hinaus noch die werbende Aufgabe. Nur durch einen Erhalt des Gebäudes in seiner Gesamtform könne auch die Mendelsohn'sche Konzeption erhalten werden.
Die Fachschaft hatten sich ausführlich mit dem Thema befasst, untersuchte mögliche Änderungen am Bestand und wie die Forderungen Hortens erfüllt werden könnten.
Sie erläuterte ihre Vorstellungen, inwieweit die Bausubstanz des Schocken verändert werden könne. Sie sahen eine Möglichkeit zum Umbau darin, dass die vorgelagerte »Schaufensteranlage [an der Eberhardstraße] zum überdachten Teil des Gehweges«[274] würde. Das Vordach, auf dem ehemals die großen Buchstaben des Schocken-Schriftzugs montiert waren, müsste allerdings erhalten bleiben. Sie schlugen vor, den Raum des Treppenturms so umzugestalten, dass seine formale Betonung durch eine entsprechende »Gebrauchsfunktion« gerechtfertigt würde.
Mit diesem Vorschlag minderten sie allerdings die Klarheit in Mendelsohns Konzeption. Das Treppenhaus hatte eine Funktion, welche die formale Gestaltung rechtfertigte; jetzt eine andere zu suchen, hieße, die eigentliche zu negieren beziehungsweise als unwesentlich zu degradieren.
Der Protest der Fachschaft griff auch auf die ausländische Presse und ausländische Architekten über. »Dieses neue Attentat auf ein Werk, das tatsächlich eines der besten Denkmäler der modernen deutschen Architektur ist, wäre ein Vandalismus der gleichen Art, wie er kürzlich in Frankreich gegen die Jugendwerke von Le Corbusier und in den Vereinigten Staaten gegen die Werke von Frank Lloyd Wright ins Auge gefasst wurden. Hier wie dort sind Lösungen gefunden worden und man hat die Werke respektiert.«[275]

Ein Brief an Helmut Horten

Nachdem der Aufruf an die Architekten in verschiedenen Fachzeitschriften veröffentlicht worden war, wandten sich die Studenten am 28. Juli 1959 an Helmut Horten mit der Bitte, den Mendelsohn-Bau nicht abzureißen. Sie brachten in ihrem Brief jedoch

keine stichhaltigen Argumente vor, die ihren Protest begründeten und Helmut Horten hätten überzeugen können, von seinem Vorhaben abzuweichen.
Sie betonten die »hervorragende und zeitlose Werbung, die durch die einmalige städtebauliche Situation«[276], in der der »Schocken« stand, gegeben war und die verloren ginge durch den Abriss. Natürlich wüssten auch sie, welche Anziehungskraft der Neubau eines Kaufhauses auf die Käuferschaft ausübe. Offenbar merkten sie nicht, dass sie hiermit ihr eigenes Argument entkräfteten.
Nach Wissen der Studenten gebe es für die Stadt keine rechtliche Handhabe, die Beseitigung des Schaufenstervorbaus und damit die Zurückverlegung der Baulinie durchzusetzen. Lediglich bei einem Neubau könne sie auf die neuen Vorgaben beharren. Außerdem sei – so rechneten sie vor – der Verlust an Grundfläche durch den Einbau von Arkaden – wie früher schon vorgeschlagen – wesentlich geringer als bei einer Zurückverlegung der Baulinie im Falle eines Neubaus. Der Umbau mit Arkaden sei demnach vorzuziehen.
Sie unterrichteten Horten davon, dass Egon Eiermann sich bereit erklärt habe, mit ihnen für den Erhalt des Schocken einzutreten.
Ihnen war es wichtig, das Gebäude in seiner Gesamtheit – sowohl von seiner Erscheinung als auch in seinen Strukturen – zu bewahren. Ein bloßes Beibehalten der Fassaden ohne inneren Kontext sei nicht ihr Ziel. Erfordernisse, die sich aus einem wirtschaftlichen Zusammenhang ergeben, ließen sich über einen Anbau erfüllen, der über eine Art »Gelenk« an den Bestand gekoppelt würde.

Die Vorschläge der Fachschaft

Erst in ihrer Antwort vom 28. August 1959 auf die von Horten abgegebene Stellungnahme belegte die Fachschaft ihre Auffassung mit fachlichen Argumenten und brachte darüber hinaus neue Lösungsmöglichkeiten ins Gespräch. Sie wehrte sich gegen die Diffamierung der Proteste namhafter Architekten, die Horten »als spontane, emotionale Reaktionen auf den Appell einer idealistischen Jugend«[277] bezeichnet hatte. Die Unternehmensleitung der Horten GmbH ziele »offensichtlich darauf ab, in der Öffentlichkeit den Eindruck zu erwecken, die Fachschaft Architektur ginge ohne ernsthaftes, verständnisvolles Studium der konkreten Umstände an das komplexe Problem der Erhaltung des Mendelsohnbaues heran«[278]. So vernünftig und vielleicht sinnvoll die Argumente der Fachschaft auch gewesen sein mögen, in den Augen der Verantwortlichen waren es wahrscheinlich doch »nur« die Aussagen der »idealistischen Jungend«, die man nicht ernst nehmen musste. Professor Hans Schwippert, Präsident des Deutschen Werkbundes, schrieb in einem Brief, er »wäre für ein Round-table-Gespräch zwischen ihm (Horten) und den Jungen und einigen Ratgebern aus den älteren werkbundlichen und baumeisterlichen Reihen, ehe man völlig überanspruchte Stellen des Staates strapaziert oder zunächst weiter öffentlichen Krach macht.«[279] Die Stuttgarter Nachrichten berichteten am Tag nach der außerordentlichen Versammlung der Studenten beeindruckt von dem ruhigen Vorgehen, dass von jungen Leuten gar nicht erwartet worden war. Es seien jedoch sachliche, gedankenvolle Argumente diskutiert worden. »Alle befleißigten sich, sehr gute Demokraten zu sein und das Zeitraubende der Demokratie vorzuexerzieren.«[280]

Die Studenten kritisierten im selben Schreiben, dass Horten in seiner Stellungnahme aus verschiedenen Briefen der protestierenden Architekten, die sie ihm zur Verfügung gestellt hatten, zitiert habe, jedoch die Aussagen durch Weglassen der entscheidenden Passagen verfälscht habe. Die große Resonanz auf ihren Aufruf lasse erkennen, dass nicht nur sie den Erhalt des Gebäudes für Wert erachten. Von all den eingegangenen Schreiben sei ihnen keines bekannt, dass sich für einen Abriss ausgesprochen hätte. Ihre Antwort enthielt auch detaillierte Vorschläge, wie sich die angegebenen betrieblichen Mängel unter Erhaltung des Schocken-Baus beheben ließen. Durch eine Verbreiterung des Haupteinganges an der Eberhardstraße und eine repräsentativere Gestaltung könne der kritisierten Unübersichtlichkeit entgegengewirkt werden. »Wir haben uns aufklären lassen, dass es möglich ist, durch Überbauung des Innenhofes eine breite Haupttreppe für den Kundenverkehr einzubauen, ohne die Mendelsohn'sche Konzeption zu verletzen.«[281] Gleichzeitig entstünden auch größere, zusammenhängende Verkaufsflächen, »die eine übersichtliche Auslage der Waren ermöglichen würden«. »Ferner ist es möglich, Rolltreppen einzubauen, wie sie auch im vorletzten Baugesuch der Firma Horten tatsächlich vorgesehen gewesen sind.«[282] Der neueste Stand der Technik erlaube es, den Treppenhausturm feuersicher umzubauen und auch eine Klimaanlage ließe sich – »trotz verhältnismäßig geringer Höhe des Untergeschosses«[283] – einbauen.

Der angegebene Platzmangel und die Probleme bei der Warenzufuhr könnten über den Anbau gelöst werden. »Zusätzliche Fahrstühle und adäquate Nebenräume für das Wohlbefinden des Personals während der Arbeit können geschaffen werden.«[284]
Was die Fragen des Verkehrs anbelange, auf deren Lösung die Stadt viel Wert legte, argumentierten die Studenten, dass in der städtischen Verkehrsplanung die Eberhardstraße nicht als Querspange vorgesehen sei. Die momentane Verkehrsüberlastung verschwinde von selbst, sobald die im Bau befindliche, südlichste Querspange – die Paulinenstraße – fertig gestellt sei. Damit würde weitaus weniger Verkehr als bisher in der Eberhardstraße anfallen. Für die schienengebundenen Nahverkehrsmittel bestünde bereits länger die Planung, sie in die zweite Ebene zu verlegen, sodass die Straßenbreite um die Gleisanlage reduziert werden könne. Solange dies noch nicht realisiert sei, wäre es möglich, dass Autoverkehr und Straßenbahnen sich den Verkehrsraum teilten, da die Straßenbahnen nicht kontinuierlich unterwegs wären. Sollte an der angestrebten Verbreiterung der Eberhardstraße festgehalten werden, könne – so die Fachschaft – durch den mehrfach vorgeschlagenen Einbau von Arkaden auf beiden Seiten der Straße der notwendige Platz geschaffen werden. Lediglich zur Unterfahrung des auskragenden Treppenhausturms – auch dies wurde in frühren Diskussionen schon erwogen – würde die geforderte lichte Durchfahrtshöhe von 4,50 Metern nicht erreicht werden können. »Es müsste aber möglich sein, für diesen einen Fall eine Ausnahmeregelung zu erwirken. In diesem Zusammenhang sei darauf hingewiesen, dass es zahlreiche Unterführungen mit Durchfahrtshöhen von 3,50 Metern gibt.«[285]
Die Studenten waren überzeugt, dass durch Eintragung des Gebäudes in das Denkmalverzeichnis die Nutzung nicht eingeschränkt würde und führten als Beleg weitere reine Zweckbauten an – die Faguswerke von Gropius, das Olbrich-Kaufhaus in Düsseldorf und andere –, die unter Denkmalschutz stünden.
Es liegt eine weitere Fassung der Antwort der Fachschaft auf die Stellungnahme Hortens vor. Sie scheint ein Rohentwurf gewesen zu sein und deckt sich in den wesentlichen Teilen mit der oben erläuterten. Sie trägt einen handschriftlichen Vermerk, dass sie für die Pressekonferenz Hortens vorgesehen sei. Allerdings enthält sie einige zusätzliche Aspekte, die im gesamten weiteren Verlauf der Diskussion nicht mehr auftauchen: nämlich politische Gesichtspunkte. Dabei steht an oberster Stelle die Konfession Mendelsohns. »Wir haben diesen Gesichtspunkt, weil er der akademischen Ausein-

andersetzung abträglich ist, von Anfang an ausgeklammert. Dennoch ist er ein nicht zu unterschätzender Gesichtspunkt. Im Ausland erhebt sich bereits ein Verdacht eines versteckten latenten Antisemitismus.«[286] Nicht außer Acht zu lassen sei dabei auch die »unverhohlene Skepsis gegenüber der demokratischen Wirklichkeit in der Bundesrepublik«[287], wie sie auch Walther Hoss schon erwähnte.
Nicht nur gegenüber Horten vertraten die Studenten ihre Auffassung, auch gegenüber dem Gemeinderat fassten sie ihre Gründe für einen Protest zusammen.[288] Sie beschränkten sich bei ihren Argumenten auf »Oberflächlichkeiten«. Alle fachlichen Gründe, die die Beschäftigung mit dem Thema zeigen würden, fanden keine Erwähnung. »Durch die Zerstörung des Mendelsohn-Baus würde sich Stuttgart um einen seiner bedeutendsten kulturellen Werte bringen.«[289] Da schon aus politischen Gründen viele Bauten Mendelsohns zerstört worden seien, sollte doch zumindest der Schocken als »das einzige größere Bauwerk Mendelsohns in Westdeutschland«[290] erhalten bleiben. »Seit Jahren kommen viele Fachleute eigens zu dem Zweck nach Stuttgart, sich diesen Bau anzusehen.«[291]

Auch wenn die Aktion der Studenten schließlich zum Scheitern verurteilt war durch die viel stärkeren Positionen von Horten und der Stadt, so hat sie doch zumindest zum Nachdenken angeregt und den Bauprozess um ein dreiviertel Jahr aufgehalten.
Es scheint, als glaubten die Studenten zu Beginn ihrer Aktion, dass durch die Bereitschaft Eiermanns, sich am Protest zu beteiligen, genügend Gründe gegeben wären, um Horten zu überzeugen. Auch war wohl der Name Eiermann, der für das neue Gebäude stand, so beeindruckend, dass bald allgemein die Meinung herrschte, es werde dadurch mit Sicherheit ein adäquater Neubau entstehen.

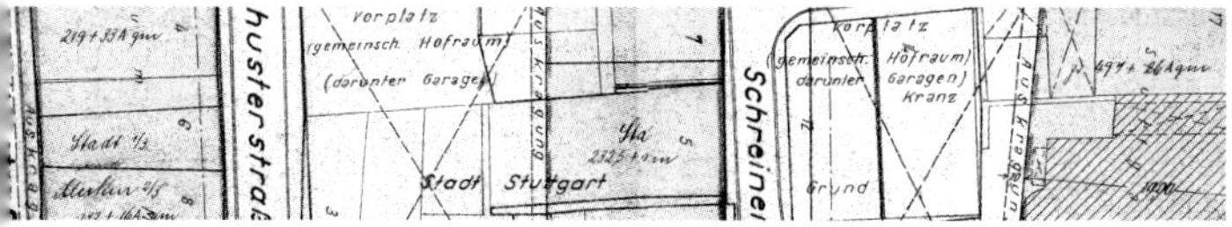

Die Aufbaugemeinschaft

1951 fanden erste Besprechungen statt, um über die Bildung einer Aufbaugemeinschaft für den Innenstadtblock zwischen Stein-, Nadler-, Hirsch- und Geißstraße zu beraten. Fachliche Unterstützung bekamen die Grundbesitzer von Architekt Walter Geiger, Vermessungsingenieur Eugen Roller und Professor Adolf Schuhmacher vom Städtebaulichen Institut der Technischen Hochschule Stuttgart.
Da der Block direkt an das Grundstück vom Schocken grenzte, waren die Planungen von der Merkur AG und der Aufbaugemeinschaft voneinander abhängig.
Architekt Geiger entwickelte für das Gebiet einen Aufbauplan nach den Vorgaben der ZAS und die Grundbesitzer wurden eingeladen, sich am Zusammenschluss zu einer Aufbaugemeinschaft zu beteiligen. Am 5. September 1951 wurde die Gründung beschlossen und ihr weiteres Vorgehen beraten.
Am 3. Juli 1952 entschied die Aufbaugemeinschaft, sich über die Baulandumlegung privat zu einigen, und beauftragte mit der Vorbereitung Vermessungsingenieur Roller in Zusammenarbeit mit Walter Geiger und Professor Schuhmacher. »Mit den Ämtern soll Fühlung aufgenommen werden.«[292]
Ziel der Aufbaugemeinschaft war es, eine Lösung für die Baulandumlegung und Planung unbürokratisch zu erarbeiten. Die Bildung von Aufbaugemeinschaften wurde von Walther Hoss begrüßt und gefördert.[293]
Die Verhandlungen um die Neuordnung des Blocks erstreckten sich über viele Jahre. Ursache dafür waren die sehr unterschiedlichen – oft gegensätzlichen – Vorstellungen und Wünsche der Beteiligten und die immer wieder neuen Vorgaben durch Stadt und Merkur, die zu immer neuen Planungen führten. Da weite Gebiete der Innenstadt seit 1944 zerstört waren, wollte die ZAS die Gelegenheit nutzen, die enge, kleinteilige Struktur des Blocks durch eine aufgelockerte, maximal zweigeschossige Bebauung städtebaulich neu zu ordnen.

Die Stadt arbeitete den Generalplan aus, der 1952 vom Regierungspräsidium genehmigt wurde. Auf dieser Grundlage sollten dann Umlegung und Neuplanung durchgeführt werden. Zahlreiche Grundbesitzer erhoben jedoch – vor allem wegen der für ihre Grundstücke vorgegebenen geringen Bauhöhe – Einspruch, sodass der Bebauungsplan nie rechtskräftig wurde. Es wurden Änderungen beantragt, die sich an den bereits von Vermessungsingenieur Roller angefertigten Umlegungsplänen orientieren sollten.

Die Stadt hatte begonnen, in dem Neuordnungsgebiet Grundstücke aufzukaufen, um die Umlegung einfacher durchsetzen zu können, ohne mit zu vielen Einsprüchen rechnen zu müssen. Sie begab sich damit in die schwierige Lage, einerseits wie ein privater Grundbesitzer an der Umlegung beteiligt zu sein, andererseits im Interesse der Allgemeinheit handeln und verhandeln zu müssen.

Die Verhandlungen zur Baulandumlegung wurden außerdem durch die Wünsche Merkurs auf Erweiterung erschwert. 1954 erklärte die Merkur AG sich einverstanden, den Schaufenstervorbau an der Eberhardstraße abreißen zu lassen, wenn sie in Richtung Milchstraße erweitern dürfte[294]. Dazu war es aber notwendig, dass sie Grundstücke in diesem Gebiet besäßen oder adäquate Tauschgrundstücke anbieten könnten.

So entstand ein Teufelskreis, aus dem jahrelang kein Ausweg gefunden wurde. Die Merkur AG wollte die notwendigen Tauschverträge mit den Grundeigentümern der Aufbaugemeinschaft erst abschließen, wenn ihre Erweiterungspläne von der Stadt genehmigt worden waren. Dem Bebauungsplan wollte sie erst nach erfolgter Genehmigung zustimmen.

Die Stadt wiederum konnte das Baugesuch nicht genehmigen, da sowohl der Bebauungsplan nicht rechtskräftig war, als auch einige Grundbesitzer der Aufbaugemeinschaft Einspruch gegen das Bauvorhaben Merkur erhoben hatten, denn die Erweiterung ging über ihre Grundstücke und die Tauschverträge darüber waren eben nicht abgeschlossen. Auch die Aufbaugemeinschaft machte gegenüber der Stadt zur Bedingung, dass erst die Baulandumlegung genehmigt sein müsse, bevor die Einsprachen gegen den Bebauungsplan zurückgenommen würden. Die Neuordnung konnte aber erst nach Genehmigung des Bebauungsplans erfolgen.

Die Frage war: Wer hatte die besten Möglichkeiten, in diesem Verfahren eine Entscheidung herbeizuführen? Keiner wollte den Anfang machen aus Angst, bei der Neuordnung zu kurz zu kommen.

Es war ein ständiges Hin und Her in den Verhandlungen. Nicht nur die Grundbesitzer untereinander mussten sich einigen, auch zwischen der Aufbaugemeinschaft, der Stadt und Merkur sollten Lösungen gefunden werden. Die Bedingungen dafür mussten von Jahr zu Jahr angepasst werden als Folge der sich verändernden Verkehrsverhältnisse und des gestiegenen Platzbedarfs bei Merkur.
Zu Beginn der Verhandlungen bestand für die Merkur AG »nur« die Notwendigkeit, in dem Block Grundbesitz zu erwerben, um erweitern zu können. »In unserem Schreiben vom 21. Januar 1956 teilten wir Ihnen mit, dass wir für unsere Niederlassung in Stuttgart ein umfangreiches Bauprogramm vorhaben. In unmittelbarem Zusammenhang damit steht das Projekt der Aufbaugemeinschaft [...], und in neuester Zeit auch das Projekt Dinkelacker, Hirsch-Apotheke in der König-/Hirschstraße. [...] Wir haben an beiden Projekten reges Interesse, da sie unmittelbar mit unserer Planung zusammenhängen.«[295] Ab 1957 spielte dann vor allem der Bau einer gemeinsamen, von der Aufbaugemeinschaft und Merkur zu nutzenden Garage eine entscheidende Rolle. Der Bedarf an Parkplätzen vervielfachte sich in diesen Jahren enorm. Noch 1955 musste Merkur für sein Bauvorhaben nach der Reichsgaragenordnung (RGaO) 50 Einstellplätze nachweisen, wobei die notwendigen 35 für den Altbau bis zum 1. Januar 1958 hätten vernachlässigt werden können. Die Aufbaugemeinschaft musste 1955 ebenfalls für die einzelnen Ladengeschäfte, die im Block entstehen sollten, 50 Parkplätze schaffen.[296] 1959 wurden von Merkur dann nach RGaO 120 Stellplätze gefordert.[297] Auch die Diskussion um die Art des Garagengebäudes, der Standort und die Finanzierung waren immer wieder Gründe für Verzögerungen der Planung. Gegen ein oberirdisch geplantes Parkhaus wurde von einzelnen Grundbesitzern Einspruch erhoben, da ihnen die Luftbelastung zu hoch erschien. Die Grundstücksbesitzer forderten 1958 dann eine Rampengarage, bei deren Planung darauf zu achten sei, die »räumlich und städtebaulich sehr gute Lösung der ZAS dem Sinne nach weitgehend zu erreichen«[298].
Anlässlich der Klage zweier Grundbesitzer gegen den Bebauungsplan bestätigte das Verwaltungsgericht im August 1953, »dass der ZAS-Plan nicht überzeugt, weder hinsichtlich Belüftung, noch Besonnung. Sanierungen können nicht auf Kosten einzelner Bürger durchgeführt werden«.[299] Die Aufbaugemeinschaft erarbeitete einen Bericht über die Sanierungsaufgaben im Baublock als Grundlage für die weitere Planung und reichte ihn an verschiedene Ämter der Stadt ein. Das Regierungspräsidium hatte seine

»Zustimmung zu den Änderungsvorschlägen erklärt. Der neue Plan leuchte ein und erziele die Zurückziehung der Anfechtungsklage«[300].
Die Unerreichbarkeit der Verantwortlichen in den Ämtern gab wiederholt Anlass zu Klagen. Monatelang war es nicht möglich, Termine zu vereinbaren, um Lösungen zu erarbeiten. Die Aufbaugemeinschaft mahnte an, dass die verantwortlichen Personen in der Stadtverwaltung über längere Zeiträume nicht erreichbar seien, wäre der Grund für die Verzögerungen.[301] Auch Professor Hoss war in dieser Zeit zu keinen Gesprächen bereit. Wie Hohn musste ein Zeitungsartikel für die Vertreter der Aufbaugemeinschaft wirken: ein »Foto von Professor Hoss mit ausgebreiteten Armen und der Unterschrift, dass er den Bürgern immer zur Verfügung stünde«[302].
Ebenso enttäuscht war die Aufbaugemeinschaft zu dieser Zeit von Oberbürgermeister Klett, der auch von den Grundeigentümern immer wieder um Vermittlung zu den städtischen Ämtern gebeten wurde.[303] Dieser betonte, dass die Angelegenheit nun beschleunigt bearbeitet werde. Ein Termin konnte mit ihm jedoch auch nach zwanzigfachem![304] Anfragen nicht vereinbart werden. »Es wurde gesagt, dass der Oberbürgermeister durch seine Neuwahl [1954] in Anspruch genommen sei, dass Präsident Heuss zu Besuch gekommen sei und so weiter.«[305]
Im Juli 1954 erhielt die Aufbaugemeinschaft den Bescheid von der Technischen Abteilung, »dass eine private Umlegung vorgenommen werden kann«[306].
Im Dezember 1954 zeigte sich Klett äußerst erstaunt darüber, dass die Umlegung immer noch nicht durchgeführt worden war. Er erklärte im Januar 1955, dass er sich nun persönlich um die Angelegenheit kümmern wolle, bisher jedoch noch keine Zeit gefunden habe.
Die Mitglieder der Aufbaugemeinschaft waren sehr enttäuscht über die Behandlung ihrer Anliegen in den städtischen Ämtern. So schrieben sie: »In den Nachrichten erschien ein Aufsatz über die Absichten an der Hirschstraße. Darin war freundlicherweise gesagt, dass die Ämter der Stadt mitgearbeitet haben. Die Umlegungsabteilung hat daraufhin beim Büro Roller angerufen und sich über die falsche Darstellung empört. Auch Professor Schuhmacher gegenüber wurde ganz unzweideutig gesagt, dass der Aufsatz verlogen sei. Darauf konnte nur erwidert werden, dass es tatsächlich stimmt, dass diese Angaben nicht auf der Wahrheit beruhen, denn die Stadt hat tatsächlich nicht mitgearbeitet sondern die Sache verzögert. Die Bürger haben den Beauftragten unzwei-

deutig ihre Empörung darüber zum Ausdruck gebracht, dass die Bürokratie sich zehn Jahre nach der Zerstörung nicht mehr bemüht, den Ruinengeschädigten zu helfen.«[307]
Neben der Kritik der Aufbaugemeinschaft an der Stadt, die Bearbeitung der Pläne teilweise sogar mutwillig zu verzögern, wurden auch Kompetenzschwierigkeiten zwischen den Ämtern bemängelt. »Herr Professor Hoss als Beigeordneter muss allein die Sache regeln können. Falls Herr Professor Hoss keine Zeit hat, mag er die Angelegenheit an Herrn Beigeordneten Kraufmann weitergeben, ...«[308] »Wir würden gern erfahren, wer dafür verantwortlich ist, dass die Behandlung unserer Angelegenheit so hinausgezogen wurde, beziehungsweise wer die Erstellung von zwei oder vier Geschossen bei zwei kleineren Gebäuden für so entscheidend hält, dass die Bürger eines ganzen Blockes nicht zum Bauen kommen.«[309] Der Aufbaugemeinschaft wohl gesonnene Stadträte rieten zu einer Klage vor dem Amts- oder Verwaltungsgericht auf Schadenersatz, wie es auch schon Aufbaugemeinschaften anderer Gebiete wegen unersichtlicher Verzögerungen bei der Umlegung getan hatten.[310] Sie meinten, dass die Angst vor dem Prozess die Stadt zur schnelleren Erledigung veranlassen könnte«.[311] Eine weitere Möglichkeit wäre, die Presse auf die Situation hinter dem Rathaus aufmerksam zu machen, auf die »Schädigung der Bürger, den Sand im Getriebe und die Zeit und Geld kostende, langwierige Behandlung«.[312]
Auch die Zuständigkeit der einzelnen Abteilungen wurde in Frage gestellt. So wurde als ein Beispiel genannt, »dass eine städtische Dienststelle zur Einreichung eines Baugesuchs geraten hat. Die andere Dienststelle, das Liegenschaftsamt, hat dies aber abgelehnt.«[313] Für die Aufbaugemeinschaft entstand der Eindruck, die Ämter seien weder bereit noch in der Lage, sich untereinander zu verständigen.
»Wir ersehen aus allem, dass die Verwaltungsstellen unsere Angelegenheit nicht gefördert sondern bewusst oder unbewusst behindert haben.«[314]
Nach Angaben der Stadt waren die Ursachen für die Verzögerungen in der Baulandumlegung bei den Änderungswünschen der Aufbaugemeinschaft am Bebauungsplan zu suchen. Für die Vertreter der Stadt hatten die Grundeigentümer immer »irgendeinen Vorbehalt für die Grundstückszuteilung«[315]. Gegen diese Äußerungen wehrte sich die Aufbaugemeinschaft. Vielmehr habe der »Faktor« Merkur zu erneuten Diskussionen und damit zu Bebauungsplanänderungen geführt. Die Berater der Aufbaugemeinschaft hatten dann allerdings den Grundeigentümern geraten, sich mit der Bebauungsplan-

änderung einverstanden zu erklären. Die Stadt monierte jedoch weiterhin, dass die Zustimmung aller Grundstückseigentümer der Aufbaugemeinschaft noch nicht vorlägen. »Wir verstehen nicht,« schrieb daraufhin die Aufbaugemeinschaft an Klett, »was Ihre Dienststellen außerdem noch an Zustimmung haben wollen.«[316] »Wir stellen fest, dass die eigenwilligste Grundbesitzerin unserer Gemeinschaft, die Stadt, beziehungsweise ihre Vertretung war.«[317]

Die einzelnen Mitglieder der Aufbaugemeinschaft waren äußerst unzufrieden mit dem schleppenden Fortgang der Verhandlungen, sodass einige aus der Gemeinschaft ausstiegen.

Die Aufbaugemeinschaft erarbeitete zahlreiche annehmbare Vorschläge zur Einigung bei der Baulandumlegung. Diese wurden aber ohne Begründung von der Stadt entweder nicht wahrgenommen oder abgelehnt.[318] Bei diesen Vorschlägen wurde wiederholt betont, dass die Stadt nicht benachteiligt werden sollte.

Weitere Schwierigkeiten bei den Verhandlungen ergaben sich daraus, dass die Stadt mit einzelnen Mitgliedern der Aufbaugemeinschaft gesonderte Absprachen getroffen hatte, was die Grundstücksverteilung anbelangte. Die Stadt erstellte daraufhin eigene Verteilungspläne, die den Regelungen innerhalb der Aufbaugemeinschaft nicht entsprachen und so auch das Miteinander innerhalb der Aufbaugemeinschaft sehr erschwerten.[319]

Die Grundbesitzer waren nicht nur durch die Zerstörung ihrer Häuser geschädigt, sondern auch durch Flächenverluste bei den Regelungen im Aufbaugesetz[320] und die Benachteiligung, lange Zeit, in nicht bauen zu können.[321] Auch die Baukosten erhöhten sich um ein Vielfaches. Während die Neubauten 1955 etwa 2,7 Millionen DM gekostet hätten, seien sie 1957 bereits 30 Prozent oder 800.000 DM teurer. »Wer ist dafür verantwortlich zu machen?«[322]

In einem Schreiben an Obervermessungsrat Roth führte die Aufbaugemeinschaft an, dass sie ihre volle Zustimmung zu den Bebauungsplanänderungen schon 1955 gegeben habe, warum es trotzdem nicht zu einem Ergebnis kam, sei nicht nachvollziehbar.[323] Auch mache die neue Verkehrsplanung, die 1955 vorgelegt wurde, vier Jahre Planungsarbeit der Aufbaugemeinschaft zunichte. Da die Eberhardstraße um einiges verbreitert werden sollte, wollte Merkur in Richtung Norden stärker erweitern. Dies führte zu einer erheblichen Beschneidung des Blocks der Aufbaugemeinschaft und stellte gänzlich neue Bedingungen dar.[324]

Dreizehn Jahre nach Kriegsende, 1958, war es den Mitgliedern der Aufbaugemeinschaft immer noch nicht möglich, auf ihren Grundstücken zu bauen. Nach zahlreichen Verhandlungen mit Stadt und Merkur waren sie mit dem Bebauungsplan einverstanden, obwohl jeder der Grundstückseigentümer Fläche abgeben musste.[325]

Ein entscheidender Grund aus Sicht der Aufbaugemeinschaft, warum sie sich auflöste, waren nicht nur die endlosen Verhandlungen mit der Stadt, sondern dass bei einer privaten Baulandumlegung die Zahlung einer Grunderwerbsteuer anfallen würde, die bei der amtlichen Umlegung entfiele. Deshalb sollten nach Ende der Besprechungen und nach Einigung über die Baulandumlegung die Grundstücke amtlich verteilt werden. Auf diesen finanziellen Aspekt wurde von der Stadt zu keinem Zeitpunkt hingewiesen. Die Aufbaugemeinschaft wurde wahrscheinlich erst darauf aufmerksam, als an einer anderen Stelle in Stuttgart (Plieningen und Sillenbuch) eine private Baulandumlegung durchgeführt werden sollte und auf ablehnenden Bescheid von Regierungspräsidium und Finanzbehörde auf Befreiung von Grunderwerbsteuer die Grundstücke zur amtlichen Umlegung an die entsprechenden Ämter zurückgegeben wurden.[326] Walther Hoss bemerkte dazu in einem Schreiben an Klett: »Wenn diesen offensichtlich verspäteten Gedankengängen von Herrn Roller Rechnung getragen werden wollte und müsste, dann schied künftig jede private Baulandumlegung aus, weil auf sie dasselbe zutreffen würde.«[327]

Zum Scheitern der Bemühungen der Sachverständigen, die private Baulandumlegung durchzuführen, meinte Vermessungsingenieur Roller, »dass die Stadt von Anfang an aus dem Verfahren einige Grundstücke ausgenommen habe. Vermessungsrat Frech bemüht sich, anhand der Akten diese Behauptung zu widerlegen. Im übrigen ist dies aber für die Beurteilung der Sache völlig belanglos.«[328]

»Wir haben den Eindruck gewonnen, dass die Dienststellen nachweisen wollen, dass die Aufbaugemeinschaft nicht im Stande war, die Gemeinschaftsarbeit erfolgreich zu beenden.«[329]

Nach der Auflösung der Aufbaugemeinschaft – Hoss wurde darüber am 29. Juli 1958[330] unterrichtet – eröffnete die Stadt den drei Sachverständigen die Möglichkeit, sich weiterhin an der Planung für dieses Gebiet beteiligen zu können.[331]

Das Bauvorhaben Merkur wurde nach einem 1957 gemachten Vorschlag von den Planungen der Aufbaugemeinschaft abgekoppelt, um eine Beschleunigung in der Bearbeitung zu erreichen.

47 Foto des Gebietes der Aufbaugemeinschaft 1953 (Bild G/7) aus dem Gutachten Schuhmacher. Im Vordergrund sieht man das Dach des Schocken, nach hinten den Turm der Stiftskirche und den großen Baukörper des Rathauses. Die Trümmer wurden schon beseitigt, und auf den Grundstücken sind eingeschossige Provisorien entstanden

48 Der Blick in Richtung Wilhelmsbau und auf die Gebäude der Brauerei Dinkelacker entlang der Eberhardstraße, 1953

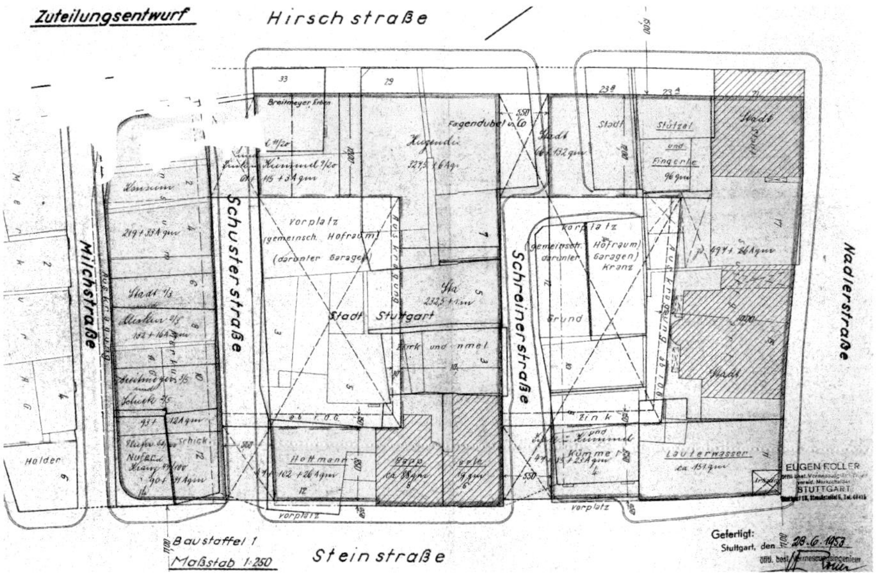

49 Der Zuteilungsentwurf der Aufbaugemeinschaft vom 23. 6. 1953 ab der Milchstraße

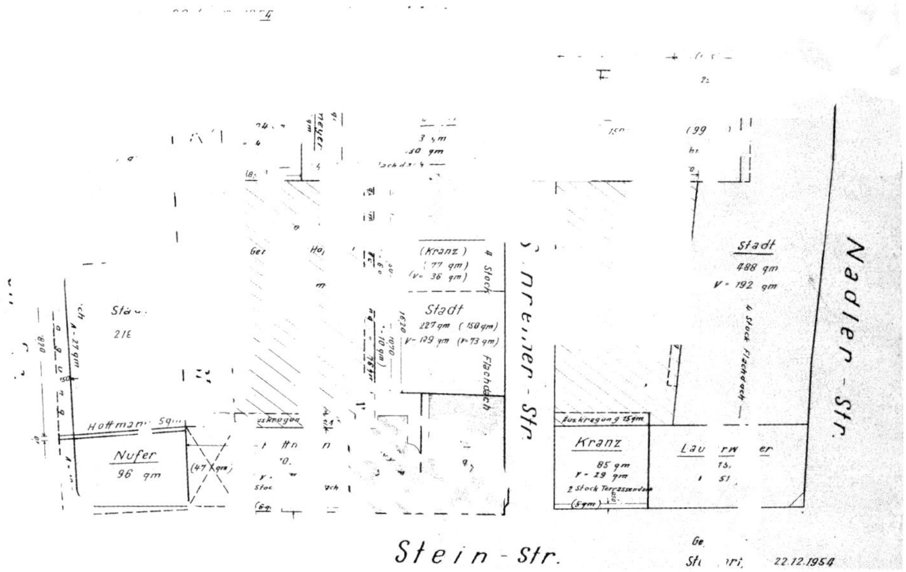

50 Der Zuteilungsentwurf vom 22.12.1954

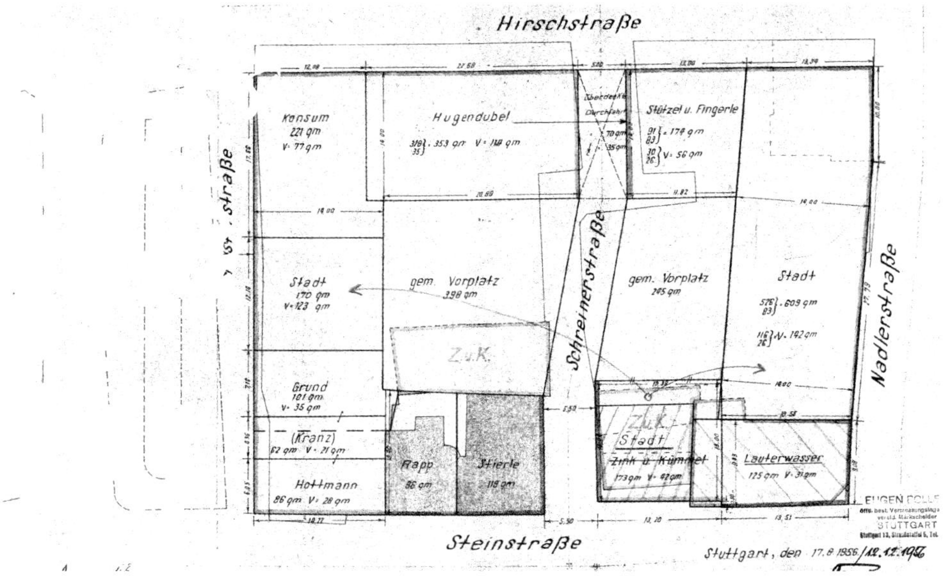

51 Beim Zuteilungsentwurf vom 17.8.1956 ist der Bereich bis zur Schusterstraße ausgenommen

Ich erkläre mich mit der Umlegung, gemäss Lageplan M 1:250 vom $\frac{31.5.55}{2.6.55}$/26.9.55 des Herrn Geometer Roller, der von der Stadtverwaltung grundsätzlich gutgeheissen wurde, einverstanden, unter Bezugnahme auf das Schreiben vom 24.9.55 an Herrn Professor Hoss:

Stützel & Fingerle: Stützel

Hugendubel & Co.: Hugendubel unter umstehender Bedingung

Breitmeyer: P. Breitmeyer

Konsumverein: Konsumgenossenschaft Stuttgart e. G. m. b. H.

Kranz: Wilhelm Kranz

Grund: Friedrich Grund

Hottmann: Hottmann.

Rapp: Theodor Rapp

Stierle: **Von der Umlegung nicht betroffen**

Zink & Kümmel: Georg Kümmel Alfred Zink

Lauterwasser: Plan v. 3.12.55 Wilde Lauterwasser (bei 168 qm).

Stuttgart, den 27.9.55.

gez.

52 Die Einverständniserklärung der Aufbaugemeinschaft zum Umlegungsplan von Eugen Roller, die aber von der Stadt nicht als Zustimmung zum Bebauungsplan gewertet wurde

Wer nicht mit der Zeit geht,
muß mit der Zeit gehen!

53 Karikatur aus einem Brief von Horst Hugendubel – einem Mitglied der Aufbaugemeinschaft – an Walther Hoss vom 14. August 1959

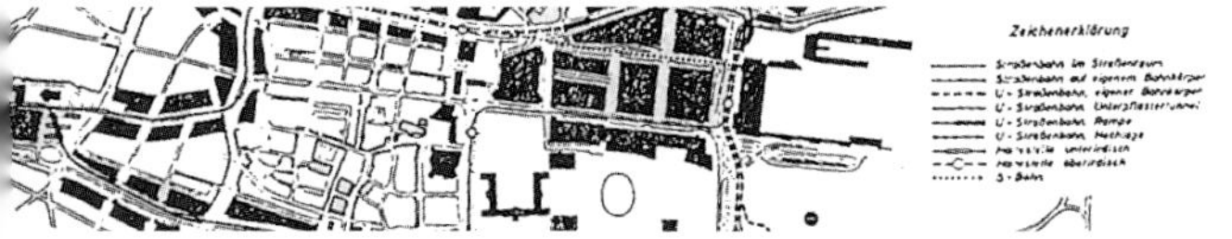

Weitere Einflüsse

Ein sicherlich wesentlicher Punkt für die Länge der Verhandlungen um eine Erweiterung des Kaufhauses Horten war die Uneinigkeit in der städtischen Verwaltung. Die Stadt (Bürgermeister Hirn) stand nicht unbedingt hinter der Auffassung von Hoss oder Klett zum Aufbau. Ihrer Meinung nach war eine Neuordnung weder notwendig noch sinnvoll. Der Aufbau sollte auf den alten Grundstücksgrenzen begonnen werden. Hoss meinte, im Widerspruch dazu hätte die Stadt geradezu die Verpflichtung, eine Neuordnung zu erreichen.[332] In einem Bericht zum Städtetag hieß es 1954: »Die Eigenart der Stuttgarter Verhältnisse hat es mit sich gebracht, dass über die Neuplanung noch immer kein Einvernehmen zwischen der Stadt, dem Land Baden-Württemberg und einer Anzahl von Grundeigentümern zustande gekommen ist. [...] Die Schwierigkeiten haben dazu geführt, dass Bauvorhaben wie Verwaltungsgebäude der Industrie, des Handels, der Versicherungen und verschiedener Wirtschaftsorganisationen, die ihrer Art nach in die City gehören, an der Peripherie der Innenstadt verwirklicht worden sind.«[333]
Aus verschiedenen Äußerungen von Mitarbeitern der Bauämter lässt sich feststellen, dass auch die mit dem Bauvorhaben Merkur befassten Ämter nicht über alle Verhandlungen und deren Ergebnisse ausreichend und richtig informiert waren. Das zumindest muss man aus verschiedenen Äußerungen von Mitarbeitern der Bauämter feststellen. Baurat Schoch fasste im August 1960 auf Anfrage von Dr. Mielke vom Lehrgebiet Denkmalpflege der TU Berlin die Ereignisse bis zum Abriss des Schocken-Baus noch einmal zusammen.[334] Danach habe Merkur 1952 erstmals den Antrag auf Erweiterung gestellt, dieser sei jedoch nicht endgültig genehmigt worden, da Tauschverträge um Grundstücke nicht zustande kamen. 1955 stellte Merkur erneut einen Antrag auf Erweiterung, diesmal sollte aber auch der Bestand umgebaut werden und durchgehend neue Fassaden erhalten. Das dazugehörende Baugesuch sei 1957 eingereicht worden; die ungewöhnlich lange Zeitspanne zwischen Änderungswünschen und Baugesuch

wurden nicht erläutert. »Im Zuge der Weiterbearbeitung des Projektes durch die Architekten Eiermann und Hilgers haben die Architekten der Bauherrschaft vorgeschlagen, anstelle des kostspieligen Umbaus einen vollständigen Neubau zu errichten unter Abbruch des alten Gebäudes.«[335] Erst daraufhin sei von der Stadt – wenn das alte Kaufhaus beseitigt würde – eine Verbreiterung der Eberhardstraße gefordert worden. Der entsprechende Antrag zum Abbruch sei 1959 von Horten eingereicht worden. Aus diesen Angaben muss man entnehmen, dass allein Merkur die ausschlaggebende Kraft war in der Diskussion um Erweiterung und Abbruch. Die langwierigen Baulandumlegungen und die Wünsche der Stadt in Bezug auf Verkehrsfragen wurden nicht erwähnt. Auch die Entscheidung des Denkmalrats wurde nicht näher erläutert. Dieser habe nach Prüfung aller wirtschaftlichen, finanziellen, verkehrstechnischen und sonstigen Interessen sich nicht entschließen können, den Schocken-Bau in die Liste der denkmalgeschützten Bauwerke aufzunehmen. Dem Denkmalrat waren nur negative Argumente zur Entscheidungsfindung vorgelegt worden, nämlich hohe Schadenersatzforderungen Hortens, die Ablehnung von Stadt und Land, anfallende Kosten zu übernehmen, das Festhalten an einer unerlässlichen Verbreiterung der Eberhardstraße und die Aussicht auf eigenen Prestigeverlust, sollte das Gebäude dennoch geschützt werden. Diese Entscheidung wäre hinfällig, so Baurat Schoch, wenn Stadt oder Land nicht bereit wären, die Konsequenzen zu tragen.[336]
Auch in der Darstellung der Situation gegenüber dem Denkmalrat bei der Ortsbegehung wurde ein anderes Bild der Abläufe gezeigt. Baudirektor Laub vom Baurechtsamt erläuterte, dass vor allem die Neubebauung im Gebäudeblock zwischen Breite- und Königstraße ausschlaggebend für notwendige Änderungen am Schocken-Bau sei, um eine einheitliche Bebauung zu gewährleisten. Auch die Anwendung der Reichsgaragenordnung nach neuesten Richtlinien machten entsprechende Änderungen notwendig.[337]
Bei einer öffentlichen Vollversammlung des Gemeinderats am 30. Juli 1959[338] wurde die Einberufung des Denkmalrats begrüßt. Es wurde aber auch sofort betont, dass eine Diskussion aller anderen Fragen überflüssig sei, sollte die Notwendigkeit einer Verbreiterung der Eberhardstraße bejaht werden. Die Anträge einzelner Gemeinderatsmitglieder, das Bürgermeisteramt solle Schritte zur Eintragung des Schocken in das Denkmalverzeichnis unternehmen, wurde jedoch abgelehnt. Man begrüßte also eine Aktion, die versuchte, das Gebäude zu schützen, lehnte aber jegliche Unterstützung ab.

Bereits fünf Wochen vorher sagte Klett in einer nichtöffentlichen Sitzung, dass das Gebäude bisher nicht unter Denkmalschutz stünde, verbiete ein Handeln der Behörden. »Diese Tatsache gestatte es nicht, auf den jetzigen Eigentümer dieses Gebäudes unmittelbar einzuwirken.«[339]

Die Verkehrsplanung

Die Verkehrsplanungen der Stadt zogen sich ebenfalls über lange Zeit hin. Der Verkehrsgerippeplan der Hochschulgruppe um Professor Pirath[340] wurde bereits am 30. Juni 1947 dem Gemeinderat vorgestellt und am 29. Juli 1947 beschlossen. Die Erkenntnisse daraus wurden im Generalbebauungsplan berücksichtigt. Im Januar 1957 wurden die unabhängigen Ingenieure Professor Lambert vom Lehrstuhl Eisenbahn- und Verkehrswesen der TH Stuttgart und Dr. Feuchtinger aus Ulm mit der Erstellung einer »Verkehrsuntersuchung über die Gestaltung des Öffentlichen Nahverkehrs« beauftragt. »Die auf die Stadt zukommenden Straßensysteme, für die ein leistungsfähiges innerstädtisches Verkehrsnetz Voraussetzung ist, sind im Generalbebauungsplan weitgehend berücksichtigt; das von der Stadt Stuttgart besonders angeforderte Verkehrsgutachten Lambert/Feuchtinger wird darüber weiteren Aufschluss geben.«[341]
Für die Verkehrssituation an der Eberhardstraße schlugen die Ingenieure im Gutachten unter anderem vor, die dort verlaufenden Straßenbahnlinien bereits vor dem Einbiegen in die Eberhardstraße unter die Erde zu verlegen. Die ZAS hatte bisher andere Pläne, sah auch Probleme bei der Durchführung, hatte aber bei der Prüfung des Gutachtens schon eine Möglichkeit erarbeitet, wie der gutachterliche Plan zu realisieren sei.
Dieses Gutachten sollte eigentlich dem Gemeinderat zur Prüfung und Kenntnisnahme vorgelegt werden. Hoss empfahl jedoch, »den alten Gemeinderat nicht mehr mit dem Gutachten zu befassen, da die ausscheidenden Mitglieder kein genügendes Interesse mehr haben werden. Dem neuen Gemeinderat sollte man zweckmäßigerweise das Gutachten auch nicht aushändigen, bevor die neu hinzugekommenen einigermaßen mit der städtischen Planung vertraut geworden sind.«[342]
Dieser Brief wurde im September 1959 geschrieben, also zur Zeit der heftigen Diskussionen um den Abriss des Schocken und die anstehende Entscheidung des Denkmal-

rats. Der Gemeinderat war also offensichtlich nicht über die aktuellen Möglichkeiten der Verkehrsplanung informiert. Und eben dieser Gemeinderat, der weder informiert noch interessiert war, hatte beschlossen, dass das Bürgermeisteramt für die Erhaltung des Schocken-Baus nichts tun könne und müsse!

Auch innerhalb der Stadtverwaltung – nicht nur zwischen Klett und Hoss – spielte ein ständiger Kampf um Anerkennung von Kompetenzen eine erhebliche Rolle. Am Beispiel einer Bürgerversammlung der Stuttgarter Innenstadt am 27. Juni 1950, in der es um die Frage des Aufbaus ging, lässt sich die Uneinigkeit ablesen. Stadtrat Hallmeyer wurde in der nachfolgenden Besprechung vorgeworfen, zu sehr auf der Seite der Bürger gestanden zu haben. Er haben einen »Haufen von Interessenten« zusammengerufen und sie vorab informiert, einzig und allein mit dem Ziel, Krawall zu machen. Hallmeyer mahnte an, die Grundstückseigentümer der Altstadt Stuttgarts mehr bei der Planung zu berücksichtigen und mit einzubeziehen, anstatt wie bisher, nur hindernd beim Aufbau zu wirken. In der erhitzten Diskussion äußerte er, »dass Leute im Gemeinderat und in der Technischen Abteilung seien, die keinen Charakter und keinen Rechtssinn hätten«[343]. Auch Angriffe gegen Hoss wegen des Bebauungsplans wurden in der Bürgerversammlung laut. Erst in der nichtöffentlichen Debatte über diese Versammlung bemerkte ein Stadtrat, dass zu diesem Zeitpunkt der Bebauungsplan gar nicht mehr der Plan von Hoss gewesen sei, sondern der Gemeinderat längst zugestimmt hatte und somit auch hinter Hoss stehen müsse. Um solche Angriffe auf die Person Hoss zu vermeiden, solle dieser in Zukunft nicht mehr so herausgestellt werden als der Planer des Aufbaus der Stadt.[344]

Es war eine schwere Vertrauenskrise zwischen Gemeinderat, ZAS und Bevölkerung entstanden. Einerseits wurden Rufe nach einem neuen Generalbaudirektor laut, auf der anderen Seite wurde die mangelnde Organisation bei der Abwicklung von Baugesuchen kritisiert. Weiter wurde bemängelt, dass das Bürgermeisteramt nichts gegen die schwerwiegenden Beleidigungen gegen Hoss in den Versammlungen unternommen habe.

»Es dürfe in der Öffentlichkeit nicht der Eindruck erweckt werden, als ob die Bürgerversammlungen dazu verwendet werden sollen, das Gremium des Gemeinderats, dem man selber angehöre, anzugreifen.«[345]

Antisemitismus

In den Unterlagen finden sich keine schriftlichen Hinweise auf Antisemitismus. Dennoch spielte das Misstrauen, ob nicht doch antisemitische Tendenzen bei den Beteiligten die Entscheidungen beeinflusst haben, eine Rolle. Denn »zwölf Jahre nationalsozialistische, antisemitische Erziehung hatten sich mit dem ›Dritten Reich‹ natürlich nicht einfach ›in Luft‹ aufgelöst.«[346] »Die jüdische Gemeinschaft in der Nachkriegszeit stellte im Wesentlichen eine Gemeinschaft der Massenvernichtung entronnener, zufällig überlebender, ungewollt in Deutschland gestrandeter osteuropäischer Juden dar.«[347] Sie kamen mit Transporten aus dem Osten, wurden offiziell »Displaced Persons« genannt und mussten wieder in Lagern leben, wartend auf die Möglichkeit der Emigration. Um Unterkünfte zu schaffen, mussten »deutsche« Bewohner ihre Häuser und Wohnungen auf Befehl der Militärregierung räumen, die Einrichtungen wurden beschlagnahmt. Bei der akuten Wohnungsnot – nicht nur in Stuttgart – schaffte das eine schwierige Lage. »Die deutsche Bevölkerung stand nun einer Situation gegenüber, mit der sie nicht gerechnet hatte: der erkennbaren Präsenz von Juden in Deutschland, das eben erst für ›judenrein‹ erklärt worden war.«[348] Allgemein wehrte sich die Bevölkerung zwar gegen eine Verantwortung für das Schicksal der Juden während der Zeit des NS-Regimes, dennoch war eine ablehnende Haltung ihnen gegenüber bemerkbar. In vielen Leserbriefen, amtlichen Schriftstücken, Polizeiberichten und so weiter lassen sich tiefe antisemitische Vorurteile feststellen, die sich vor allem im – vielleicht unbewussten – Sprachgebrauch zeigen.[349]
Auch in der Architektur wurde über Jahre hinweg die Meinung propagiert, dass moderne Architektur »entartete Kunst« sei. Wie sollte nun etwas als wertvoll eingestuft werden, was fünfzehn bis zwanzig Jahre abgewertet worden war? »Wahrnehmung von Architektur ist mehr als die Wahrnehmung eines bestimmten Gebäudes. Genauer: um einem Gebäude durch Wahrnehmung gerecht werden zu können, ist ein architektonisches Bewusstsein vonnöten.«[350]

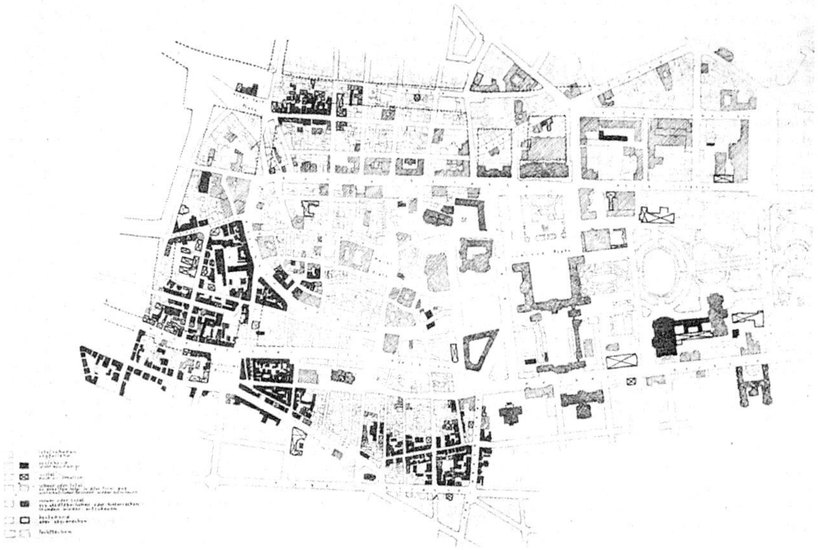

54 Im Zerstörungsplan von 1945 sieht man, dass außer dem Rathaus und dem Schocken kaum noch ein Gebäude in diesem Gebiet steht. Gegenüber vom Schocken hatten die Häuser den Krieg fast alle unzerstört überstanden

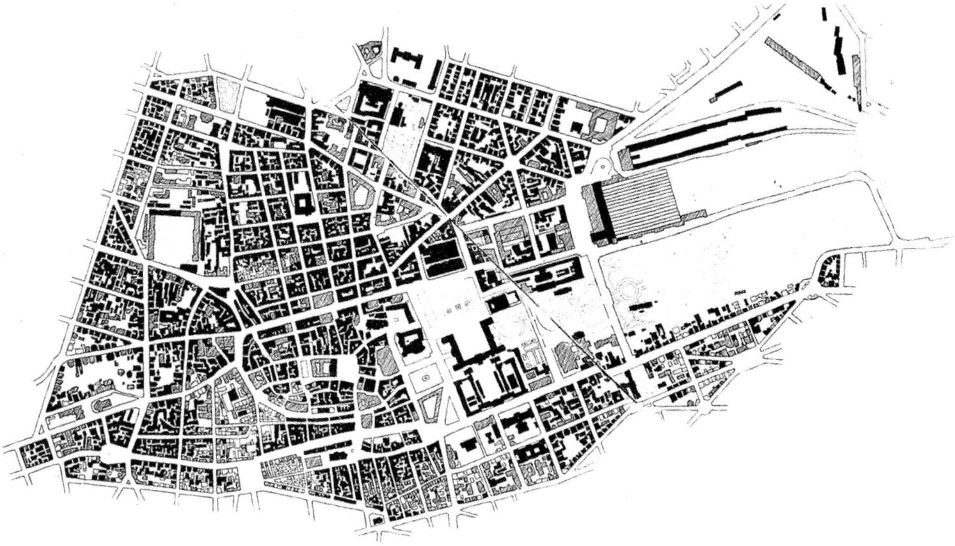

55 Schadensplan der Stadt Stuttgart von 1945. Der Schocken ist grau eingetragen mit mittelschwerem bis leichtem Schaden, das Gebiet dahinter in Schwarz mit Totalschaden

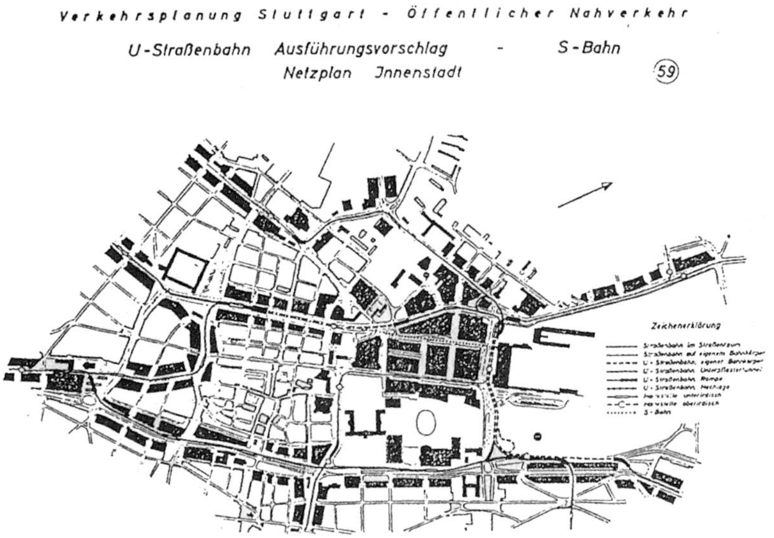

56 Nach diesem Verkehrsplan von 1959 aus dem Gutachten von Lambert/Feuchtinger fährt oberirdisch keine Straßenbahn mehr am Schocken vorbei

57 Paulinenhochstraße als Hauptverkehrsader zur Entlastung der Eberhardstraße 1960

Schlussbemerkung

Die Verhandlungen um den Schocken fielen in eine Zeit, die gekennzeichnet war von einem Kräftemessen zwischen Tradition und Fortschritt.
Das, was vom Krieg übrig geblieben war, hatte es schwer sich durchzusetzen. Überall herrschte Aufbruchstimmung. Mit dem politischen Neuanfang, mit dem man sich von der braunen Gewalt verabschieden wollte, verband sich auch der Wille nach einem Aufbau. Nicht ein Wiederaufbau sollte es sein, sondern Stuttgart sollte neu errichtet werden. Da war kein Platz für Sentimentalitäten. Das Trümmerfeld ließ sich besser ertragen, wenn man es mit visionärer Planung überdeckte.
Der Traum vom Fortschritt hieß vor allem eine »autogerechte Stadt«, großzügige, breite Straßen, neue Wohn- und Geschäftshäuser, den Ausbau Stuttgarts als Bäderstadt und die Großraumplanung des Verkehrs mit der Verlegung des Bahnhofs unter die Erde. Diese Visionen haben dem möglichen Nebeneinander von Alt und Neu wenig Wert beigemessen. Dennoch wurde sicher nicht einfach rücksichtslos über Kulturwerte hinweggegangen. Vielmehr war die Überzeugung fest verwurzelt, dass schneller wirtschaftlicher Aufstieg Mobilität erforderte. Die Entwicklung während der fünfziger Jahre gab den Planern recht. Sie verlief sogar schneller als erwartet. Die Zahl der Fahrzeuge wuchs in einer unabsehbaren Geschwindigkeit, gerade in der von der Autoindustrie geprägten Stadt Stuttgart. Für diese Zukunft wollte man gerüstet sein und in diesem Zusammenhang müssen die Entscheidungen, die während der Verhandlungen getroffen wurden, beurteilt werden. Erschwert wurden diese Entscheidungen, weil vielfältig erst gültige Regeln in bald allen Bereichen gefunden werden mussten.

Die lange Planungsphase um den Schocken brachte ein Ergebnis, das ursprünglich nicht angestrebt worden war. Im Gegenteil, ein Jahr vor dem Abriss tauchte dieser Gedanke erstmals in den Unterlagen auf. Allerdings ging es auch zu keiner Zeit darum,

das Gebäude möglichst originalgetreu zu erhalten. Der Kulturwert des Schocken war in all diesen Akten kein Thema. Die vierzehn Jahre währenden Verhandlungen gingen um die Verbreiterung der Eberhardstraße und damit um den Abbruch der Schaufensteranlage, um die Höhe der Aufstockungen und des Neubaus, um die verschiedenen, immer größeren Erweiterungen, um den Umbau und das Überziehen des Gebäudes mit einer neuen Hülle, um Parkhäuser und um die Umverteilung der Grundstücke im Gebiet der Aufbaugemeinschaft.
Wie sehr bei den Entscheidungen persönliche Motive eine Rolle spielten, lässt sich schwer sagen. Es erscheinen jedoch manche Zusammenhänge bemerkenswert, angefangen bei der absichtlichen Verheimlichung von anderen Möglichkeiten zur städtischen Verkehrsplanung bis hin zur Scheckübergabe nach der Einweihung des Anbaus.

Im Wesentlichen begleiteten drei Personen – Helmut Horten, Arnulf Klett und Walther Hoss – den Weg der Entscheidung zum Abriss, jede mit einem starken Willen, ganz unterschiedlichen Interessen und sehr konkreten Vorstellungen.
Mit der Übernahme der Konzern-Anteile durch Helmut Horten war ein klarer Wechsel der Ziele in den Verhandlungen zu erkennen. Salman Schocken stand zwar noch beratend zur Seite, jedoch ruhten in diesem Zeitraum die Verhandlungen mit der Stadt. Für Helmut Horten spielte die Architektur, die Gesamtform des Mendelsohn-Baus eine wesentlich geringere Rolle als für Salman Schocken. Horten konnte ganz egoistisch handeln, war er doch nur sich und seinem wirtschaftlichen Streben verantwortlich – im Gegensatz zu Klett und Hoss, die immer auch das öffentliche Interesse berücksichtigen mussten. Hortens Ziel war einzig und allein ein berühmtes Kaufhaus, das seinen wirtschaftlichen Ansprüchen nicht mehr genügte, durch einen Bau zu ersetzen, der möglichst nicht weniger berühmt werden sollte. Das neue Gebäude sollte ebenfalls eine besondere Note aufweisen und somit seinen Dienst an der Allgemeinheit leisten. »Die Erwägung kann höchstens dahin gehen, dass hier etwas zweifelsfrei Gutes, das jedoch als Zweckbau geschaffen wurde und dem beabsichtigten Zweck nicht mehr entspricht, durch eine städtebaulich ebenfalls gute Lösung ersetzt wird, die den Bedürfnissen des Eigentümers Rechnung trägt, gleichzeitig das Verkehrsbedürfnis der Stadt befriedigt und eine baulich für sich allein schwierig zu behandelnde Fläche in einem größeren Zusammenhang stadtbildmäßig gut gestaltet.«[351]

Helmut Horten besaß aber auch die »Macht des Geldes«; er konnte sich einen großen Neubau ebenso leisten wie die Drohung, den Standort Stuttgart zu verlassen. Die Stuttgarter Zeitung schrieb im August 1961, dass sich Helmut Horten bei seinen Entscheidungen an den alten Spruch gehalten habe: »Wer will bauen an die Straßen, muss die Leute reden lassen.«[352]
Arnulf Klett wollte mit großem Idealismus Stuttgart zur Weltmetropole aufbauen. Diesem Ziel waren seine Entscheidungen unterworfen. Alles, was das Ansehen der Stadt fördern würde, wurde unterstützt. Und der Neubau eines großen Warenhauses spiegelte in seinen Augen viel eher die moderne Zukunft wider, als ein wertvolles Baudenkmal es konnte.
Walther Hoss war derjenige, der die großzügigen Planungen für die Innenstadt, wie er sie im anfangs hochgelobten Generalbebauungsplan vorgesehen hatte, umsetzen wollte. Sein ganzes Handeln war darauf ausgerichtet, möglichst viel vom eigentlichen Konzept zu erhalten. Je mehr er jedoch von diesen Plänen abrücken musste, umso mehr argumentierte er mit den Verkehrsplanungen, um seine Vorstellungen durchzusetzen.
Als Helmut Horten zum ersten Mal einen kompletten Abbruch des Gebäudes von Mendelsohn vorschlug und entsprechende Neubaupläne von Egon Eiermann anfertigen ließ, nahm die Stadt dankbar zur Kenntnis, dass damit die Eberhardstraße unkompliziert und großzügig erweitert werden konnte.

Die Gründe, die zum Abriss führten, waren letztlich vielfältiger Natur, in eindrucksvoller Weise miteinander verflochten, entwickelten sie sich eigentlich erst im Lauf der Jahre. Die Geschichte, die zum Abriss führte, ist möglicherweise wiederholbar, denn das Streben nach Neuem ist nicht ausschließlich auf die fünfziger Jahre beschränkt. Im Jahr 2000 wurde diskutiert, ob das Hochtief-Haus von Egon Eiermann in Frankfurt auf Wunsch der Hochtief AG aus der Denkmalliste gestrichen, abgerissen und durch einen gewinnbringenderen Neubau ersetzt werden soll.
Also hat sich nichts geändert?
Oder haben wir heute doch ein anderes Bewusstsein für Denkmale und Kulturwerte?

Die Presse

Auch in der Tages- und Fachpresse wurde die Diskussion um den Abriss – wenn nicht geführt, so doch zumindest – begleitet und nachbearbeitet.
Die Stuttgarter Nachrichten brachten einen kritischen Artikel von Heinz Krewinkel, dem späteren Chefredakteur der Zeitschrift »Glas«, worin er vor allem Handlungsbedarf bei der Stadt angemahnte. Überall sei der Mendelsohn-Bau erwähnt, in keinem Architekturführer fehle seine Beschreibung, nur in der Liste der Baudenkmale tauche er nicht auf. Dieses Versäumnis konnte sich Krewinkel nur daraus erklären, dass der Bau mit seinen dreißig Jahren zu jung war für das damalige Verständnis von Denkmalschutz. Krewinkel bedauerte, dass es keine Kunst fördernden Mäzene mehr gebe. Es bleibe nach dieser Diskussion und den Entscheidungen der Stadt, die den Ruf Stuttgarts als »aufgeschlossenes Kulturzentrum« gefährdeten, für ihn nur noch die eine Schlussfolgerung, »dass hier das Gute um der Mode und des Prestiges willen zerstört werden soll«.
»Man ist sich in Stuttgart durchaus bewusst, dass der Spitzhackentod des Kaufhauses Merkur eine barbarische Tat ist, aber man ist scheinbar ebenso wenig gewillt, genauso zu protestieren, wie man es bei geringfügigeren Bauten tat.«[353]
Auch über die öffentliche Diskussion, zu der die Fachschaft der Technischen Hochschule auf den Weißenhof eingeladen hatte, wurde in den Zeitungen berichtet. Dabei lässt sich, wie in der gesamten Berichterstattung, eine unterschiedliche Tendenz bei den beiden Stuttgarter Tageszeitungen feststellen. Bei den Berichten der Stuttgarter Zeitung stand vor allem im Vordergrund, das Egon Eiermann selbst den Mendelsohn-Bau als minderwertig im Bezug auf seine Konstruktion, seinen Grundriss und alle technischen Einrichtungen bezeichnet habe. Er – Eiermann – sehe keine Möglichkeit, den Bau zu erhalten, so traurig er das auch finde. Dennoch wollte sich Eiermann aus hellem Idealismus dem Protest der Studenten anschließen.
Die Zeitung berichtete weiter, dass Eiermann die Frage in den Raum stellte: »Ist unsere

Zeit überhaupt noch eine Zeit, die erhält?«[354] Das Problem, um das diskutiert würde, sei kein architektonisches, sondern ein menschliches. Man rede nicht über den Bau, sondern weil es ein Mendelsohn ist.
Auch unter den Professoren fanden sich laut der Zeitung nicht nur den Protest unterstützende Meinungsvertreter. So ermahnte Professor Siegel die Studenten, nicht wie alte Tanten um Fragwürdigkeiten herumzudiskutieren. Der Protest ginge allzu oft in Nebensächlichkeiten, Tiefgründeleien und leerem Gerede verloren.
Die Stuttgarter Nachrichten berichteten von dieser Debatte ganz anders. Es stand nicht so sehr die ablehnende Haltung im Vordergrund. Der Protest wurde sehr begrüßt, der zwar spät, aber doch wohl noch rechtzeitig entflammt war. Die Auseinandersetzung, die der Berichterstatter beobachten konnte, sei eine ernsthafte und würdige Diskussion gewesen. Auch die Nachrichten berichteten von den Gegnern des Erhalts, deren markantester Vertreter Professor Siegel gewesen sei. Seiner Meinung nach dürfe das Alte dem Neuen nicht im Wege stehen. Auch zeigte er sich unverständig und bedauerte, »dass das Neue Bauen Altertumswert für die Jungen hat.«[355]
Die Minderheit der Gegner eines Erhalts des Schocken sei jedoch – so die Zeitung – durch die Mehrheit der »ernsthaften Stimmen, denen es ohne Sentimentalität um die Erhaltung ging«[356], aufgewogen worden.
Tenor dieses Berichts, vor allem auch in Bezug auf Eiermann, war, dass der Erhalt des Gebäudes »als eine sittliche Verpflichtung gegenüber dem Menschen Mendelsohn, der aus Deutschland im Dritten Reich ausgewiesen wurde und im Exil starb«[357], gesehen werden müsse.
In der weiteren Berichterstattung lässt sich weiterhin die unterschiedliche Tendenz der beiden Zeitungen erkennen. Die Stuttgarter Zeitung berichtete unkritisch und druckte – so machte es den Eindruck – die Protokolle der Gemeinderatssitzungen ab. Die Stuttgarter Nachrichten dagegen machten eher den Eindruck einer kritischen Diskussionsbeteiligung. Da wurde nicht nur wiedergegeben, da wurden auch Fragen gestellt. »Warum sollte der Horten-Konzern weniger kulturfördernd sein als Fagus, Continental oder Bahlsen?«[358]
Nach den Angaben im Amtsblatt der Stadt war die Diskussion um den Abriss ein so vielschichtiges Problem, das vom Gemeinderat nicht kurzerhand gelöst werden könne, schon gar nicht in der letzten Sitzung vor den Ferien.

Während des ganzen August 1959 erschienen in beiden Tageszeitungen immer wieder kürzere oder längere Artikel zu dem Thema des Abrisses. Neben kurzen Erwähnungen, welcher der namhaften, ausländischen Architekten ebenfalls ein Schreiben an die Fachschaft schickte, wurden auch die Resolutionen des BDA und des Deutschen Werkbund veröffentlicht. Auch einen offenen Brief von Louise Mendelsohn an Arnulf Klett, indem sie ihn nochmals bat, alles ihm nur mögliche für den Erhalt zu tun, konnte man in der Zeitung nachlesen. Oberbaudirektor Hans Gerber, der übrigens in der Wahl des Beigeordneten für die Bauverwaltung Stuttgart als Gegenkandidat zu Walther Hoss 1957 mit sieben Stimmen unterlegen war, verfasste einen Aufsatz über Erich Mendelsohn und seine Architekturauffassung. Seine Intention dabei war, die Diskussion um den Abriss mit Äußerungen Mendelsohns zu beenden. Gerber bezeichnete den Bau als eine plastische Einheit von virtuoser Ausgewogenheit. »In einen gegebenen städtebaulichen Rahmen und für ein bestimmtes Bauprogramm – beides in seiner Besonderheit klar erfasst – schuf Erich Mendelsohn einen höchst individuellen räumlichen Organismus, der bei größter Lebendigkeit in sich selbst ruht.«[359]
Für Gerber gab es nur die Möglichkeit, den Mendelsohn-Bau so zu erhalten, wie er war, ohne Ansetzen von Erweiterungen, ohne Einbau von Arkaden. Oder er müsste abgerissen werden. Eine Zwischenlösung gab es nicht. Schon dass die großen Buchstaben auf den Schaufenstern fehlten, sei eine Verfremdung des Entwurfs Mendelsohns.
Werner Hebebrand, dessen Brief an die Fachschaft sowohl in der Bauwelt als auch in der Stuttgarter Zeitung gedruckt wurde, gehörte ebenfalls nicht zu den bedingungslosen Befürwortern eines Erhalts. Nicht nur, dass er die Stuttgarter Verhältnisse nicht so genau kenne, um sich ein Urteil zu erlauben. Auch glaube er aus seiner persönlichen Kenntnis von Erich Mendelsohn, dass dieser in der Situation wohl selbst auch abgerissen hätte. Hebebrand zeigte sich bestürzt über das Gerücht, Egon Eiermann sei von dem Vertrag mit Horten zurückgetreten und stünde für die Neuplanungen nicht mehr zur Verfügung. Er bezeichnete Eiermanns Urteil über die Notwendigkeit eines Abrisses als maßgebend. Hebebrand stellte vor allem die Frage, ob man vom Bauherrn tatsächlich verlangen könne, denkmalpflegerisch tätig zu werden oder nicht. Die Fachschaft antwortete ihm darauf in einem ebenfalls veröffentlichten Brief: »Aber wegen einer Verbesserung, die bei ihrer baulichen Vollendung schon wieder überholt sein wird, wollen wir einen Wert, wie ihn der Mendelsohn-Bau darstellt, nicht opfern.«[360] Auch ginge es

nicht um eine Alternative zwischen Mendelsohn oder Eiermann. Die Studenten wüssten die Qualität Egon Eiermanns durchaus zu würdigen. Ob Mendelsohn abreißen würde oder nicht, muss Hypothese bleiben. Auf jeden Fall würde wieder ein Mendelsohn entstehen.

Auch Professor Büchner von der TH Karlsruhe beteiligte sich in den Stuttgarter Nachrichten an der Diskussion. Seiner Meinung nach war es absolut unerheblich, ob der Einzelne den Bau gut oder schlecht finde, einzig entscheidend sei der historische Wert des Gebäudes. Und für ihn stand der historische Wert des Schocken außer Frage. Er sei in seiner Zeit, in den zwanziger Jahren einzigartig gewesen und sei 1959 wichtiger denn je, da es nur noch wenige dieser markanten Bauten gebe.

»Man kann das Schocken-Haus formalistisch nenne. Man kann es sicher in Bezug auf die heute zu stellende Forderung sogar funktionell unzulänglich nennen. Dem möchte ich entgegenhalten, dass die architektonische Substanz eines Bauwerkes meiner Ansicht nach über der Ebene der Funktion erst beginnt.«[361] Die Ausstrahlung von Mendelsohns Architektur auf alle Architekturinteressierten war seiner Meinung nach ungeheuer stark, egal ob im positiven oder im negativen Sinne.

Die Ortsbesichtigung des Denkmalrats wurde ebenfalls in beiden Tageszeitungen dokumentiert. Beide Zeitungen erwähnten, dass die Haltung der Stadt wesentliches Kriterium bei der Entscheidung des Denkmalrats seien werde. Bisher habe der Denkmalrat mit der Bestätigung, dass es sich um ein erhaltungswürdiges Bauwerk handle, lediglich eine Vorentscheidung getroffen. Nun müssten die baurechtlichen und sonstigen Konsequenzen geprüft werden. Auch der Bauherr Horten sollte gehört werde. Die Horten AG hatte sich nach eigenen Angaben bisher nicht geäußert, um nicht den Anschein zu erwecken, auf die Entscheidung des Denkmalrats einzuwirken. Der Vertreter der Firma schlug vor, die Stadt solle noch vor der Entscheidung des Denkmalrats einen Grundsatzentscheid über den Schadensausgleich fällen. Er betonte laut Stuttgarter Zeitung, dass es dem Horten-Unternehmen nicht zuzumuten sei, aus Respekt vor dem künstlerischen Schaffen in eine hoffnungslose Hinterhandlage zu geraten. Außerdem sei dies der erste Fall, dass ein Kaufhaus unter Denkmalschutz gestellt werden sollte. Dies wurde aber schon in früheren Artikel anders berichtet und auch die Fachschaft betonte ja in ihrer Stellungnahme, dass auch das Kaufhaus Olbrich in Düsseldorf unter Denkmalschutz stünde, ohne dass der Besitzer davon Nachteile habe.

Ein Artikel aus einem Blatt, das »Neues aus Stuttgart« heißt, ist mir besonders aufgefallen. Er schlägt so in eine ganz andere Richtung als andere Berichte. Man kann darin lesen, dass Merkur durch die wirtschaftliche Stagnation im jetzigen Gebäude geradezu gezwungen werde, eine Veränderung zu planen. Ein Umbau habe sich jedoch als zu unrentabel gezeigt. Der Protest sei von den Studenten ausgelöst worden, namhafte Architekten hätten sich angeschlossen. »Insgesamt lässt sich zu der ganzen Angelegenheit wohl sagen, dass es reichlich absurd erscheint, ein Kaufhaus – mag sein Architekt auch noch einen so bedeutenden Namen gehabt haben – plötzlich unter Denkmalschutz stellen zu wollen. Reine Zweckbauten müssen sich stets den Gegebenheiten anpassen. Sie können keine Kunstwerke sein! Im Übrigen ist nicht uninteressant, dass sich die Bevölkerung der Stadt bei der Ankündigung des Abbruchs keineswegs gegen diese Absicht ausgesprochen hat, sondern erst durch das ›Störfeuer‹ der Studenten die Lawine ins Rollen gekommen ist. Schließlich: Der alte Schockenbau war und ist zweifellos in seiner Fassade gegen die Eberhardstraße zu eigenwillig; der Rest jedoch ist bei weitem kein Glanzstück. Schon gar nicht die Rückfront! Deshalb: Bitte nicht so viel Aufhebens.«[362]

Natürlich berichteten auch die Fachzeitschriften über die Debatte um den Abriss oder Erhalt des Schocken. So unterstützte zum Beispiel »L'Architecture d'aujourd'hui« die Studenten der Fachschaft, indem sie deren Resolution abdruckten. Die Bauwelt veröffentlichte über mehrere Ausgaben hinweg Leserbriefe zu diesem Thema. Jürgen Joedicke berichtete über die Diskussionsveranstaltung am Weißenhof und betonte dabei, dass Eiermann gesagt habe, das Gebäude von Erich Mendelsohn sei untauglich für die Zwecke der aktuellen Zeit. Joedicke meinte, wenn man Eiermanns Integrität nicht in Zweifel ziehen wolle, müsse man dies glauben. Diese Situation spiegle ein nicht seltenes Phänomen wider, nämlich dass es schöpferisch tätigen Menschen schwer fällt, andere in ihrer Bedeutung zu erkennen.
Ein anderer Architekt stellte die Frage, warum sich ein Warenhaushausexperte wie Egon Eiermann überhaupt damit befasse, in der engen Stuttgarter Kessellage ein großes Warenhaus zu entwerfen, anstatt andere Lösungen zu suchen und ein Kaufhaus dort zu bauen, wo es städtebaulich sinnvoller wäre.
Auch die Redaktion der Bauwelt nahm Stellung. Sie gab erst einen kurzen Überblick

über die Situation und urteilte dann so, dass der Neubau auch nur ein befristetes Provisorium darstelle, da die Funktion des Gebäudes nur verbessert werden kann, wenn auch die Umgebung verbessert wird. Dies sei aber in Stuttgart nicht der Fall. Die Redaktion prognostizierte, dass die Situation zehn Jahre später um ein vielfaches schlechter sein werde als 1959. Sie sah das Versagen bei den Bürgern der Stadt, die sich nicht zu einer weitschauenden Planung bereit finden würden. So sei es nur verständlich, dass sich Merkur selbst helfe. Daran würde auch keine Resolution oder Werteurteil etwas ändern. Der Fall des Stuttgarter Schocken sei ein Symptom eines allgemeinen Versagens.
Die Fachschaft kam in der Bauwelt ebenfalls mehrfach zu Wort. Sie sagte, die Stimmen der Architekten weltweit hätten ein hohes moralisches Gewicht. Darauf erwiderte dann die Redaktion der Bauwelt, dass diese Stimmen zwar durchweg positiv waren, zur Lösung des Problems aber in keiner Weise beitrügen. Die Studenten begründeten ihren Protest, der ja von manchen als rückwärtsgewandt bezeichnet wurde, damit, dass ihre Zeit noch keine eigene gültige Architekturkonzeption gefunden habe. Also sollte das Wenige, was dazu geeignet wäre, ein Fundament für eine eigene Entwicklung zu sein, nicht zerstört werden.

Damit sollte auch die Diskussion in der Presse beendet werden. Doch die Bauwelt erhielt einen Brief von Raimund Probst, der der Redaktion symptomatisch für das Denken eines großen Teils der jungen Architektenschaft erschien: »Was heißt hier kulturhistorischer Wert! Danken wir Egon Eiermann für die harte, aber wahre Aussage, dass der Schocken-Bau unseren Augen schlecht erscheint. Machen wir Schluss mit dem vorbehaltlosen Kult um Werke und ihren vermeintlichen oder tatsächlichen Wert, nur weil diese alt sind, von einem berühmten Manne stammen oder der Schöpfer verfolgter Nazi-Emigrant war. Das Bessere ist sogar der Feind des Guten und die Mumifizierung toter, weil unbrauchbar gewordener, funktionsgebundener Bauten ist schlechte Sentimentalität. Lösen wir uns von der Überheblichkeit, dass Menschen für die Ewigkeit gültig bauen, denn nicht nur unser Sein, sondern auch unser Tun ist befristetes Provisorium. Das gilt für die Gedächtniskirche so wie für das Reichsparteitaggelände und den Brüsseler Pavillon. Lassen wir vom Schockenbau ein paar gute Fotos machen. Und erklären wir unseren Kindern, wie hier zwei wahre Baumeister ihrer Zeit entsprechend hintereinander gültig bauten. Eiermann wird sich ebenso wenig wie Mendelsohn im Grabe umdrehen, wenn auch sein Bau vielleicht einmal der neuen Stuttgarter Raumplanung und den dann gültigen Erkenntnissen der Zukunft zum Opfer fallen muss.«[363]

Der Neubau

Der Neubau erschien in der Presse ganz anders. Natürlich wurde ausführlich über die Eröffnung und die tollen Neuerungen berichtet. Dass beide Tageszeitungen in exakt gleichem Wortlaut schrieben, lässt vermuten, dass die Texte wohl der Pressemappe des Hauses Horten entnommen worden waren.
Schon vor der Eröffnung am 23. August 1961 erschienen eine ganze Reihe von Leserbriefen, die sich positiv oder negativ zu dem neuen Bau äußerten. Und es war diesmal tatsächlich eine Diskussion, da die Leserbriefe aufeinander bezogen waren und somit Rede und Antwort entstand.
Richard Biedrzynski schrieb einen Artikel, indem er auf den großen Verlust des Mendelsohn'schen Gebäudes hinwies. Es sei ein großartiges Exempel eines Warenhauses gewesen. »Im Namen des Wohlstands wurde ein Werk eingerissen, dass angeblich dem Verkehr im Wege stand, von dem man jedoch wusste, dass Besseres an seiner Stelle undenkbar war.«[364]
Eine riesige Baugrube wurde ausgehoben und der Neubau von Egon Eiermann entstand. Wenige Wochen vor Fertigstellung sei dann die große Überraschung erfolgt. Der Bau wurde mit einem Strickmuster überzogen. Der Autor betonte: »Das von Adolf Loos totgesagte Ornament feiert fröhliche Urständ. Der Raum verliert seine plastische Dimension. Die Architektur wird vernichtet. An die Stelle des Tektonischen tritt das Textilische.«[365]
Der Autor zeigt die Meinungen der beiden Diskussionsgruppen auf, die Fürsprecher und die Gegner des Neubaus und der neuen Fassadenform. Die Befürworter loben die Möglichkeiten, endlich ein schmückendes Element gefunden zu haben, mit dem man die armselige Rastertechnik der Gebäude überspielen könne. Auch würde die puritanische Ausstrahlung der Bauhauswürfel endlich verlassen. Man könne endlich darauf verzich-

ten, durch Farbkleckse oder -felder à la Mondrian die armselige Konstruktion zu verschönern. Die Fassade des neuen Merkur sei ein rettendes Prinzip in der Gestaltung der neuen Architektur.
Die Gegner sprachen von einer neuen Heuchelei. Die Fassade sei pure Applikation und habe mit Architektur nichts gemein. Dieses dekorative Muster sei beliebig austauschbar und bringe durch seine Gleichmäßigkeit einen Verlust der räumlichen Qualität mit sich.
Wie Biedrzynski weiter schreibt, sei die Fassade zwar amüsant im Detail, in der Masse jedoch unendlich langweilig. Das hell strahlende Aussehen der Keramikfelder, von den Befürwortern gelobt, würde schon bald nicht mehr so hell leuchten. Neben Staub und Ruß würde sich Taubendreck darauf festsetzen. Diese Fassade könne nicht altern, keine Patina ansetzen, sondern sich nur abnutzen, ausbleichen und verschmutzen, sei also keine Perspektive für die Zukunft.
Schon in diesem ersten Artikel dreht sich alles nur um die Fassade des Gebäudes. Weder spielt die Größe eine Rolle oder die Form, noch wie sich der Bau in die Stuttgarter Stadtsituation einfügt.
Eine Woche später, am 4. August 1961 erschien dann eine Abhandlung »Märchenhaus Merkur« von Baudirektor Hans Gerber in der Stuttgarter Zeitung. Er war derjenige, der die Besonderheit des Mendelsohn-Baus 1959 beschrieben hatte. Inzwischen war er aber zum glühenden Verfechter des Neubaus geworden und versuchte zu erläutern, was den Bau so besonders mache. Die beginnende Diskussion, so Gerber, zeige schon, dass der Bau etwas Besonderes ist, denn niemand rede über etwas Mittelmäßiges.
Vorbild für den Neubau von Egon Eiermann sei die Architektur aus heißen Ländern gewesen, wie Südamerika oder der Orient und damit passe er wunderbar in den heißen Stuttgarter Kessel. Die Vorhangfassade ließe das Tageslicht dort ein, wo es gewünscht werde und hielte es dort ab, wo es lästig sein könnte. Die Fenster hinter dem Vorhang könnten unbekümmert um die Architektur angeordnet werden, ganz beliebig und egal, ob groß, klein, hoch oder tief. Außerdem sei das Konstruktionsprinzip der Luftschicht aus der Natur abgeschaut und habe sich dort ja schon bewährt. In diesem 60 cm breiten Luftkissen würde eine wirksame Luftzirkulation herrschen, die im Sommer kühlt und im Winter hilft, die Wärme im Gebäude zu halten. Diese Luftzirkulation habe noch

den überaus angenehmen Nebeneffekt, dass es für die Tauben viel zu zugig sei und sie sich deshalb eben nicht in den Zwischenräumen einnisten würden. Auch sei eine Pflege der Fassade nicht notwendig, denn der Regen besorge automatisch die Reinigung.
Gerber lobte die Eingliederung in den städtischen Raum. Der Neubau bringe Ruhe und Klarheit in das »hilflos-neumodische Architektengestammel ringsum«[366]. Er könne mit einem Blick erfasst werden und entspreche damit dem allgemeinen Verhalten der Fußgänger, die sich keine Zeit mehr zum Betrachten der Gebäude nehmen wollten. »Es liegt eine weise Bescheidenheit darin, ein Bauwerk so einzuordnen, dass es nicht allzu selbstherrlich hervortritt. ... Merkur war eine elegante Gottheit. Der Neubau seines Namens macht ihm alle Ehre.«[367]
Die Leser der Zeitung hatten eine Woche Zeit, mit diesem neuen Bewusstsein, was für ein ausgesprochen gelungenes Bauwerk in ihrer Stadt entstanden sei, zu leben. Dann kam der große Widerspruch, diesmal vom damaligen Chefredakteur der db – deutsche bauzeitung.
Gerhard Schwab kommentierte die beiden vorangegangenen Aufsätze und bemerkte dazu, dass der erste von Biedrzynski eine wohlfundierte Abhandlung über ein Tagesereignis gewesen sei. Baurat Gerber dagegen begründe seine Argumente fachlich falsch. Der Vergleich mit der passenden Architektur aus dem Orient sei für Stuttgart mit vielleicht vier Wochen hochsommerlicher Hitze völlig übertrieben. Schwab wehrte sich gegen eine verkrampfte Suche nach einer funktionellen Rechtfertigung der neuen Fassade und fragte, warum es nicht möglich sei, »eine solche Fassadenform ehrlich als Effekt, Blickfang und geschäftsfördernde Marotte zu erklären?«[368] Das sei für ihn die einleuchtendste Erklärung. Bedauerlich sei, dass Gebäude mit diesen Gestaltungsmitteln bald nur noch an ihrer Beschriftung erkennbar wären.
Eiermanns neues Warenhaus sei einfach nur Allerweltsarchitektur geworden, ohne einen Bezug von Innen zu Außen, ohne Bezug zur Umgebung, ohne Einheit in Konzeption, Konstruktion und Material. Es sei eine Verkennung der Situation, wenn man den Merkur als Gewinn für das Stadtbild bezeichne. Der Bau sei nur gesichtslos. Und der Mangel an Muße der Fußgänger, die Architektur in Ruhe zu betrachten, kann nicht auf das veränderte Erscheinungsbild der Architektur geschoben werden.
Schwab hatte auch Egon Eiermann befragen wollen und darum gebeten, den Neubau in der db veröffentliche zu dürfen. Dies wurde von Eiermann jedoch abgelehnt, da er sich

mit dem Neubau nicht vollständig identifizieren könne. Aus diesem Grund findet sich auch wenig in der Fachpresse zu diesem Gebäude.
Auch auf den Leserbrief von Gerhard Schwab kamen Reaktionen in der folgenden Woche. Hans Gerber verteidigte seine Ansicht über den Neubau und bemerkte zu der Unentschlossenheit Eiermanns, den Bau zu veröffentlichen, dass er selbst Egon Eiermann als einen Suchenden kennen gelernt habe, der mit nichts Erreichtem zufrieden wäre. Würde man Eiermann nach seinem besten Gebäude fragen, er würde antworten: das Nächste!
Weitere Leserbriefe beklagten den Verlust des Mendelsohn-Baus, der erst durch den Neubau wirklich zum Vorschein gekommen wäre. Zu Beginn habe ja der Name Egon Eiermann darüber hinweggetröstet, doch nun stünde der Neubau da und alle Hoffnung wäre dahin. Der Neubau sei lediglich ein großzügiger Schriftträger und die Aufschrift müsse lauten: Die Architektur ist tot! Professor Köpf schrieb: »Noch nie war es das Bemühen der Architekten, etwas Willkürliches zu schaffen, um später die Missgeburt unter dem Schleier des Verhüllens zu verbergen.«[369] Und wenn es tatsächlich so sei, dass sich kein Fußgänger mehr die Zeit nimmt, die Gebäude zu betrachten, ist es dann noch wichtig, wie sie aussehen? »Warum denn Werte schaffen, wenn diese niemand mehr etwas wert sind?«[370]
Zur Eröffnung am 23. August erschienen dann begeisterte Berichte über die großen Neuerungen im 15 Millionen Mark teuren Kaufhaus Merkur. Angefangen bei der mit 10.000 Quadratmetern doppelt so großen Verkaufsfläche, weiter über das unglaublich große Warenspektrum – von der Lebensmittelabteilung bis zum Teppichwagen –, dass von 800 Mitarbeitern angeboten wurde, bis hin zu den »400 großen Metallkorbwagen, die mit einem Kindersitz ausgestattet sind, damit die Mütter auch während des Einkaufens ihre Kleinen bei sich in Obhut wissen«[371]. Es wurde auch betont, dass der Abriss des alten Schocken mit einem Kostenaufwand von 200.000 Mark wirtschaftlich äußerst kostspielig gewesen sei.
Bei den Feierlichkeiten zur Eröffnung habe Stadtdirektor Gauß – so die Stuttgarter Zeitung – es außerordentlich begrüßt, »dass in künstlerischer Hinsicht von Könnern ein Experiment gewagt worden sei.«[372] Das Gebäude repräsentiere den wirtschaftlichen Aufstieg schlechthin.
Da eine Veröffentlichung des Neubaus in den Fachzeitschriften von Egon Eiermann, wie

schon erwähnt, nicht gewünscht war, erschien 1961 in der db ein Artikel als Nachruf zum Mendelsohn-Bau. Neben den schon oft wiederholten Vorzügen des Gebäudes im Bezug auf seine Architektur und den auch oft betonten, angeblichen Mängeln in der Funktion brachte Anton Henze einen ergänzenden Aspekt. Die großen Säle, die heute als Verkaufsräume geplant und gebaut würden, schreckten das Publikum eher ab, zwar vielleicht unbewusst, aber deutlich. Der Käufer wünsche sich eine architektonische Führung von Abteilung zu Abteilung, von Sache zu Sache. Und diesem Wunsch hätte der Mendelsohn-Bau voll und ganz entsprochen.

Und heute? Bereits 1972 wurde ein Erweiterungsbau angefügt und mit Elementen aus Aluminium verkleidet, die anders als die Keramik-Elemente strukturiert waren. Und wieder zehn Jahre später, 1981, wurde auch die Fassade mit den Keramik-Elementen umgebaut. Geschosshohe Glasflächen teilen nun die Fassade und wechseln mit Aluminium-Elementen ab. So ist auch von Egon Eiermanns Bau, ob nun nach seinen Wünschen gestaltet oder nicht, nicht mehr viel übrig geblieben, weder in der Form noch in der Gestalt.

Anmerkungen

Die Situation

[1] Kilian, Hannes; Blickensdörfer, Hans: Die fünfziger Jahre. Ein Stuttgarter Jahrzehnt in Bildern. G. Braun Buchverlag, Karlsruhe, 1994, S. 6

[2] ebd., S. 30

[3] Richard Döcker am 9.10.1946; Stadtarchiv Stuttgart, Hauptaktei Gruppe 6, AZ 6200

[4] Bericht über den Aufbau in Stuttgart seit 1945 unter besonderer Berücksichtigung der Planung; Stadtarchiv Stuttgart, Hauptaktei Gruppe 6, AZ 6004, Ordner 10

[5] Sterra, Bernhard: Das Stuttgarter Stadtzentrum im Aufbau. Architektur und Stadtplanung 1945 bis 1960. Silberburg-Verlag, Tübingen, 1991, S. 176

[6] ebd.

[7] Beurteilung des Generalbebauungsplanes durch Prof. Paul Bonatz, Niederschrift der Stenogrammaufnahme aus der gemeinsamen Sitzung der Verwaltungs- und der Technischen Abteilung am 13.9.1948; Stadtarchiv Stuttgart, Hauptaktei Gruppe 6, AZ 6113-1

[8] Schreiben von Paul Bonatz an Arnulf Klett vom 19.2.1951; Stadtarchiv Stuttgart, Hauptaktei Gruppe 6, Mappe 372

[9] Sterra, Bernhard: Das Stuttgarter Stadtzentrum im Aufbau. Architektur und Stadtplanung 1945 bis 1960. Silberburg-Verlag, Tübingen, 1991, S. 59 f. (Eugen Mertz im Nachrichtenblatt der Militärregierung vom 1. November 1945)

[10] Die Zentrale für den Aufbau der Stadt Stuttgart (ZAS) wurde am 2. Mai 1946 unter Leitung von Richard Döcker und Walther Hoss, beide Architekten, als Institution gegründet, die den Aufbau der Stadt organisieren und koordinieren sollte. Die durch die Entnazifizierung weitgehend unbesetzten Bauämter der Stadt wurden als Abteilungen der ZAS unterstellt. Unter Mitarbeit von freiberuflich tätigen Architekten, Städtebauern, Landschaftsplanern und Künstlern entwarf die ZAS die Grundlagen für den Aufbau der Stadt: Bausperrpläne, Verkehrsuntersuchungen, Neuordnungspläne, Verkehrsgerippeplan, Generalbebauungsplan. (siehe auch Seite 97)

[11] laut einem Schreiben von Walther Hoss an Arnulf Klett vom 2.7.1948, Stadtarchiv Stuttgart, Hauptaktei Gruppe 6, AZ 6200

[12] Sterra, Bernhard: Das Stuttgarter Stadtzentrum im Aufbau. Architektur und Stadtplanung 1945 bis 1960. Silberburg-Verlag, Tübingen, 1991, S. 295

[13] Stuttgarter Zeitung vom 20.5.1952, S. 8; Stadtarchiv Stuttgart, Hauptaktei Gruppe 6, AZ 6200

[14] Denkschrift über die Einleitung des blockweisen Aufbaus in den Flächenschadengebieten vom 19.6.1951, Bauförderungsamt; Stadtarchiv Stuttgart, Hauptaktei Gruppe 6, AZ 6200

[15] Bericht über Referat vom Vorsitzenden des BDA Dipl.-Ing. Werner Gabriel am 8.2.1952, aus: Abhandlung von Dipl.-Ing. jur. G. K. Ringel (vertraulich!); Stadtarchiv Stuttgart, Hauptaktei Gruppe 6, AZ 6200

[16] Reinhold Nägele in der Stuttgarter Zeitung vom 13.5.1952, S. 6; Stadtarchiv Stuttgart, Hauptaktei Gruppe 6, AZ 6200

Der Schocken bis 1945

[17] Fuchs, Konrad: Ein Konzern aus Sachsen. Deutsche Verlags-Anstalt, Stuttgart, 1990, S. 192

[18] ebd., S. 141 f.

[19] Brief von Erich Mendelsohn an seine Frau Louise vom 11.7.1926; aus: Stephan, Regina: Studien zu Waren- und Geschäftshäusern Erich Mendelsohns in Deutschland. tuduv, München, 1992, S. 110

[20] Palmer, Renate: Der Stuttgarter Schocken-Bau von Erich Mendelsohn. Silberburg-Verlag, Tübingen, 1995, S. 74

[21] Fuchs, Konrad: Ein Konzern aus Sachsen. Deutsche Verlags-Anstalt, Stuttgart, 1990, S. 142

Der Weg zum Abriss 1945 – 1960

[22] Schreiben von Helmut Horten an Arnulf Klett vom 2.12.1959; Stadtarchiv Stuttgart, Baurechtsamt D 688/3

[23] Der Ablauf erinnert mich ein wenig an das Leben und die Reisen Hervé Joncours in Alessandro Bariccos Buch »Seide«. Hervé, der Seidenraupenhändler, reist jedes Jahr nach Japan, immer die gleiche Strecke, und Baricco erzählt die Geschichte mit einfachen Worten, auf das Notwendigste reduziert. Die Berichte der Reisen sind immer gleich, lediglich winzige Details lassen sich unterscheiden. Natürlich lässt sich der Weg bis zum Abriss des Kaufhauses Schocken nicht wirklich mit einem solch prosaischen und gefühlvollen Roman vergleichen. Bei der Erzählung Bariccos bleibt Ruhe, vielleicht auch Sehnsucht zurück. Die Verhandlungen um den Schocken hinterlassen eher ein Gefühl der Resignation.

[24] Schreiben von der ZAS (Leitung) an Merkur vom 13.8.1946; Stadtarchiv Stuttgart, Baurechtsamt D 1500/5

[25] Schreiben von der ZAS (Leitung) an Merkur vom 22.8.1946; Stadtarchiv Stuttgart, Baurechtsamt D 1500/5

[26] Schreiben von Merkur an das Stadtplanungsamt Stuttgart vom 28.9.1946; Stadtarchiv Stuttgart, Baurechtsamt D 1500/5

[27] Ausfertigung der Niederschrift über die Sitzung der Technischen Abteilung des Gemeinderats: Baurechtliche Entscheidung vom 23. Juni 1948 über ein Baugesuch; Stadtarchiv Stuttgart, Baurechtsamt D 1500/5

[28] Schreiben von Merkur an das Stadtplanungsamt Stuttgart vom 28.9.1946; Stadtarchiv Stuttgart, Baurechtsamt D 1500/5

[29] Handschriftliche Notiz vom 10.10.1947 (wahrscheinlich von Oberbaurat Dr. Scholl); Stadtarchiv Stuttgart, Baurechtsamt D 1500/5

[30] Schreiben von Merkur an das Baurechtsamt vom 5.12.1947; Stadtarchiv Stuttgart, Baurechtsamt D 1500/5

[31] Ausfertigung der Niederschrift über die Sitzung der Technischen Abteilung des Gemeinderats vom 17.12.1947, Berichterstatter Oberbaurat Dr. Scholl; Stadtarchiv Stuttgart, Baurechtsamt D 1500/5

[32] ebd.

[33] Schreiben von der ZAS (Leitung) an Merkur vom 22.8.1946; Stadtarchiv Stuttgart, Baurechtsamt D 1500/5

[34] Schreiben vom Liegenschaftsamt an das Baurechtsamt vom 27.2.1948; Stadtarchiv Stuttgart, Baurechtsamt D 1500/5

[35] Schreiben von Dr. Heckmann, ZAS-Zentralamt vom 4.11.1948; Stadtarchiv Stuttgart, Hauptaktei Gruppe 6, AZ 6004, Ordner 10

[36] Entscheidung des Baurechtsamts vom 20.7.1951; Stadtarchiv Stuttgart, Baurechtsamt D 1500/6

[37] Schreiben von Egon Eiermann an Direktor Müller (Merkur) vom 18.12.1951; SAAI Karlsruhe, Nachlass Egon Eiermann

[38] Gutachten der Bauverständigen zur Genehmigung des Baugesuchs Merkur vom 11.7.1951; Stadtarchiv Stuttgart, Baurechtsamt D 1500/6

[39] Niederschrift über Verständigungsversuch zwischen Aufbaugemeinschaft, Firma Dinkelacker und Merkur am 16.10.1951; Stadtarchiv Stuttgart, Baurechtsamt D 1500/6

[40] Schreiben der Firma Dinkelacker an das Baurechtsamt vom 20.10.1951; Stadtarchiv Stuttgart, Baurechtsamt D 1500/6

[41] Gutachten der Bauverständigen zum Baugesuch Merkur vom 5.11.1951; Stadtarchiv Stuttgart, Baurechtsamt D 1500/6

[42] Ausfertigung Baurechtliche Entscheidung des Baurechtsausschusses des Gemeinderats als Baugenehmigungsbehörde vom 19.11.1951; Stadtarchiv Stuttgart, Baurechtsamt D 1500/6

[43] Schreiben von der Bauabteilung Merkur an das Baurechtsamt vom 28.4.1952; Stadtarchiv Stuttgart, Baurechtsamt D 688/1

[44] Nach Angaben der Stadt bat Merkur dann im Oktober um weitere Bearbeitung in den Ämtern, zwei Wochen später dann wieder um Zurückstellung des Baugesuchs. Sachlicher Überblick über die Entwicklung des Bauvorhabens Horten von Baurat Laub; Stadtarchiv Stuttgart, Baurechtsamt D 1500/7

[45] Aktennotiz über eine Besprechung beim Herrn Oberbürgermeister am 29.12.1953; Stadtarchiv Stuttgart, Hauptaktei Gruppe 6, AZ 6208

[46] Gutachten des Bauverständigen Baurat Laub zum Baugesuch Merkur vom 23.2.1954; Stadtarchiv Stuttgart, Baurechtsamt D 688/1

[47] ebd.

[48] ebd.

[49] Schreiben von Arnulf Klett an Baudirektor Kraufmann vom 3.6.1954; Stadtarchiv Stuttgart, Hauptaktei Gruppe 6, AZ 6208

[50] Schreiben von Prof. Adolf Schuhmacher an Arnulf Klett vom 24.12.1954; Stadtarchiv Stuttgart, Hauptaktei Gruppe 6, AZ 6208

[51] Schreiben von Merkur an das Baurechtsamt vom 23.11.1954; Stadtarchiv Stuttgart, Baurechtsamt D 1500/6

[52] Sachlicher Überblick über die Entwicklung des Bauvorhabens Horten von Baurat Laub; Stadtarchiv Stuttgart, Baurechtsamt D 1500/7

[53] Aktennotiz über eine Besprechung zwischen Robert Hilgers, Architekt Kesseler und Baurat Laub am 21.4.1955; Stadtarchiv Stuttgart, Baurechtsamt D 688/1

[54] Aktennotiz über eine Besprechung am 2.5.1955 von Vermessungsrat Frech; Stadtarchiv Stuttgart, Hauptaktei Gruppe 6, AZ 6208

[55] Notiz von Obervermessungsrat Roth an Baudirektor Laub vom 20.7.1955; Stadtarchiv Stuttgart, Baurechtsamt D 688/1

[56] Aktennotiz von Obervermessungsrat Roth (vertraulich!); Stadtarchiv Stuttgart, Baurechtsamt D 688/1

[57] ebd.

[58] Niederschrift über die Besprechung bei Herrn Dr. Scholl mit Robert Hilgers, Herrn Goern (Merkur) und Baurat Laub am 10.5.1955; Stadtarchiv Stuttgart, Baurechtsamt D 688/1

[59] Schreiben von Walther Hoss an Arnulf Klett vom 21.6.1955; Stadtarchiv Stuttgart, Hauptaktei Gruppe 6, AZ 6208

[60] Schreiben von Obervermessungsrat Roth an die Aufbaugemeinschaft vom 22.2.1956; Stadtarchiv Stuttgart, Hauptaktei Gruppe 6, AZ 6208

[61] Baugesuch der Merkur AG vom 18.3.1957; Stadtarchiv Stuttgart, Baurechtsamt D 688/1

[62] ebd.
Dieses Baugesuch wird in den Ämtern jedoch nicht weiterbearbeitet, da es durch ein neues Baugesuch vom 16.6.1958 überholt wird.

[63] Aktennotiz über eine Besprechung zwischen der Aufbaugemeinschaft und verschiedenen städtischen Ämtern am 13.7.1957, unterzeichnet von Vermessungsrat Frech; Stadtarchiv Stuttgart, Hauptaktei Gruppe 6, AZ 6208

[64] Schreiben von Walther Hoss an das Baurechtsamt vom 29.7.1957; Stadtarchiv Stuttgart, Baurechtsamt D 688/1

[65] Schreiben vom Planungsamt an das Baurechtsamt vom 6.8.1957; Stadtarchiv Stuttgart, Baurechtsamt D 688/1

[66] Aktennotiz über die Besprechung am 4. Februar 1958 in Düsseldorf zwischen Helmut Horten, Direktor Eckelmann und Robert Hilgers; SAAI Karlsruhe, Nachlass Egon Eiermann

[67] Aktennotiz über eine Besprechung zwischen der Aufbaugemeinschaft und verschiedenen städtischen Ämtern am 13.7.1957, unterzeichnet von Vermessungsrat Frech; Stadtarchiv Stuttgart, Hauptaktei Gruppe 6, AZ 6208

[68] Niederschrift über eine Versammlung zwischen der Aufbaugemeinschaft und verschiedenen Ämtern der Stadt am 9.1.1959; Stadtarchiv Stuttgart, Hauptaktei Gruppe 6, AZ 6208

[69] Schreiben der Aufbaugemeinschaft an Walther Hoss vom 11.1.1958; Stadtarchiv Stuttgart, Hauptaktei Gruppe 6, AZ 6208

[70] Schreiben von Walther Hoss an Merkur vom 15.9.1958; Stadtarchiv Stuttgart, Hauptaktei Gruppe 6, AZ 6208

[71] Aktenvermerk über eine Ämterbesprechung am 10.2.1959; Stadtarchiv Stuttgart, Baurechtsamt D 688/1

[72] Schreiben von Egon Eiermann an Direktor Eckelmann (Merkur) vom 8.7.1959; SAAI Karlsruhe, Nachlass Egon Eiermann

[73] Schreiben von Helmut Horten an Arnulf Klett vom 23.5.1959; SAAI Karlsruhe, Nachlass Egon Eiermann

[74] ebd.

[75] ebd.

[76] Schreiben von Walther Hoss an Arnulf Klett vom 9.10.1959; Stadtarchiv Stuttgart, Baurechtsamt D 1500/7

[77] ebd.

[78] Helmut Horten begründete sein Unternehmen auf der Enteignung der jüdischen Warenhausbesitzer im Nationalsozialismus. »Im Mai 1936 übernimmt sein ›rein arisches Unternehmen‹, wie es in der Eigenwerbung hieß, das erfolgreiche Alsberg & Sohn.«; aus: Heck, Erich: Geburtsort des Imperiums war Duisburg. Duisburger Jahrbuch 1994, S. 186–189

[79] Ausführliche Angaben zur Unternehmensstruktur in: Fuchs, Konrad: Ein Konzern aus Sachsen. Deutsche Verlags-Anstalt, Stuttgart, 1990

[80] Schreiben von Merkur an das Stadtplanungsamt Stuttgart vom 28. 9. 1946; Stadtarchiv Stuttgart, Baurechtsamt D 1500/5

[81] ebd.

[82] Handschriftliche Notiz vom 10.10.1947 (wahrscheinlich von Baudirektor Scholl); Stadtarchiv Stuttgart, Baurechtsamt D 1500/5

[83] Schreiben von Merkur an das Baurechtsamt vom 5.12.1947; Stadtarchiv Stuttgart, Baurechtsamt D 1500/5

[84] ebd.

[85] ebd.

[86] Ergebnis von Verhandlungen am 4. 5. 1948 zwischen Merkur und der Stadt; Stadtarchiv Stuttgart, Baurechtsamt D 1500/5

[87] ebd.

[88] Schreiben von Merkur (Bauabteilung) an das Baurechtsamt vom 28. 4. 1952; Stadtarchiv Stuttgart, Baurechtsamt D 688/1

[89] ebd.

[90] Schreiben von Horten an Walther Hoss vom 27.1.1959; SAAI Karlsruhe, Nachlass Egon Eiermann

[91] Am 4. Dezember 1958 fragte Eiermann erneut, ob gegenüber der Stadt nun von einem Neubau gesprochen werden sollte. Schreiben von Egon Eiermann an Direktor Eckelmann (Horten GmbH) vom 4.12.1958; SAAI Karlsruhe, Nachlass Egon Eiermann

[92] Aktennotiz über die Besprechung zwischen Horten und Robert Hilgers am 4.2.1958; SAAI Karlsruhe, Nachlass Egon Eiermann

[93] Schreiben von Horten an Walther Hoss vom 27.1.1959; SAAI Karlsruhe, Nachlass Egon Eiermann

[94] Schreiben von Horten an Walther Hoss vom 4. 9. 1959; Stadtarchiv Stuttgart, Baurechtsamt D 1500/6

[95] ebd.

[96] ebd.

[97] Stellungnahme der Helmut Horten GmbH zum Antrag der Fachschaft Architektur der TH Stuttgart, das Kaufhaus in das Landesverzeichnis der Baudenkmale einzutragen vom 3. 9. 1959; Stadtarchiv Stuttgart, Baurechtsamt D 1500/6

[98] ebd.

[99] Stephan, Regina: Studien zu Waren- und Geschäftshäusern Erich Mendeslohns in Deutschland. tuduv, 1992, S. 93

[100] ebd., S. 95

[101] ebd., S. 121

[102] Stellungnahme der Helmut Horten GmbH zum Antrag der Fachschaft Architektur der TH Stuttgart, das Kaufhaus in das Landesverzeichnis der Baudenkmale einzutragen vom 3. 9. 1959; Stadtarchiv Stuttgart, Baurechtsamt D 1500/6

[103] ebd.

[104] ebd.

[105] ebd.

[106] ebd.

[107] ebd.

[108] ebd.
Horten betonte, »dass bei allen Verhandlungen über die Baugestaltung des Kaufhauses von keiner Stelle auf die Schutzwürdigkeit des Bauwerkes gemäß Art. 97 der Bauordnung aufmerksam gemacht wurde. Zwar waren sich alle Beteiligten darüber im Klaren, dass mit dem Abbruch ein für das Bauschaffen der damaligen Zeit bedeutsames Bauwerk verloren ginge, glaubten jedoch, dass im Hinblick auf die betrieblichen Notwendigkeiten und die Belange des Verkehrs dieses Opfer gebracht werden müsste.«

[109] ebd.

[110] ebd.

[111] Die Württembergische Bauordnung vom 28. Juli 1910 mit Vollzugsverfügung vom 10. Mai 1911, Zuständigkeitsverordnung vom 9. November 1936, Aufbaugesetz vom 18. August 1948 (NW) und den wichtigeren, die Bauordnung ändernden und ergänzenden Bestimmungen nach dem Stande vom Oktober 1955

[112] Schreiben von Arnulf Klett an das Regierungspräsidium Nordwürttemberg vom 15. September 1959; Regierungspräsidium Stuttgart, Akte Eberhardstraße 28

[113] Stellungnahme der Helmut Horten GmbH zum Antrag der Fachschaft Architektur der TH Stuttgart, das Kaufhaus in das Landesverzeichnis der Baudenkmale einzutragen vom 3. 9. 1959; Stadtarchiv Stuttgart, Baurechtsamt D 1500/6

[114] Schreiben von Horten an das Regierungspräsidium Nordwürttemberg vom 28. 9. 1959; Regierungspräsidium Stuttgart, Akte Eberhardstraße 28

[115] Stellungnahme der Helmut Horten GmbH zum Antrag der Fachschaft Architektur der TH Stuttgart, das Kaufhaus in das Landesverzeichnis der Baudenkmale einzutragen vom 3. 9. 1959; Stadtarchiv Stuttgart, Baurechtsamt D 1500/6

[116] Aktennotiz von Obervermessungsrat Roth (vertraulich) vom 20. 7. 1955; Stadtarchiv Stuttgart, Baurechtsamt D 688/1

[117] ebd.

[118] ebd.

[119] ebd.

[120] ebd.

[121] siehe Kapitel Walther Hoss

[122] »Wir wären Ihnen dankbar, wenn Sie sich mit dem Gedanken befreunden und uns unterstützen könnten.« Schreiben von Müller (Merkur) an Arnulf Klett vom 3. 5. 1955; Stadtarchiv Stuttgart, Hauptaktei Gruppe 6, AZ 6208

[123] ebd.

[124] Schreiben von Direktor Eckelmann (Horten GmbH) an Egon Eiermann vom 31. 12. 1958; SAAI Karlsruhe, Nachlass Egon Eiermann

[125] ebd.

[126] Schreiben von Horten an Oberbaurat Laub vom 4. 9. 159; Stadtarchiv Stuttgart, Baurechtsamt D 1500/6

[127] Schreiben von Horten an Robert Hilgers vom 1. 9. 1959; SAAI Karlsruhe, Nachlass Egon Eiermann

[128] »Nach Düsseldorf zurückgekehrt, möchte ich mich nochmals bei Ihnen bedanken, dass Sie wieder einmal Gelegenheit nahmen, sich persönlich in das Bauverfahren Merkur einzuschalten und mich vor allem über die vom Baurechtsamt für die heutige Sitzung des Gemeinderates vorbereiteten Anträge zu informieren.«
Schreiben von Helmut Horten an Arnulf Klett vom 2. 12. 1959; Stadtarchiv Stuttgart, Baurechtsamt D 688/3

[129] In einem Aufsatz über Parteienfinanzierung tauchte auch Helmut Hortens Name auf. Er hatte 1984 sechs Millionen DM – zunächst anonym – gespendet und musste dann in Debatten über Steuerhinterziehung und »Umwegfinanzierung« die Verantwortung dafür übernehmen.
aus: Karl-Heinz Naßmacher: Parteienfinanzierung in Deutschland.

[130] »Wir sind gern bereit, um das Mendelsohn'sche Bauschaffen zu würdigen, für Lehrzwecke der Technischen Hochschule Stuttgart ein Modell des letzten Mendelsohn-Baus zur Verfügung zu stellen, bevor er der Neuplanung weichen muss.«
Schreiben von Helmut Horten an die Fachschaft Architektur der TH Stuttgart vom 24. 10. 1959; Regierungspräsidium Stuttgart, Akte Eberhardstraße 28

[131] Brief an Helmut Winkler vom 24. 6. 1969; Egon Eiermann: Briefe des Architekten. Deutsche Verlags-Anstalt, Stuttgart, 1994, S. 232

[132] Brief an Kurt Hoffmann vom 14. 4. 1967; Immo Boyken: Die Architektur Eiermanns aus der Zeit nach dem Zweiten Weltkrieg. Egon Eiermann 1904 – 1970. Bauten und Projekte. Deutsche Verlags-Anstalt, Stuttgart, 1984, S. 64

[133] Brief an Ulrich Conrads; Immo Boyken: Die Architektur Eiermanns aus der Zeit nach dem Zweiten Weltkrieg. Egon Eiermann 1904 – 1970. Bauten und Projekte. Deutsche Verlags-Anstalt, Stuttgart, 1984, S. 63

[134] Brief an Herbert Hensch vom 24. 2. 1954; Egon Eiermann: Briefe des Architekten. Deutsche Verlags-Anstalt, Stuttgart, 1994, S. 36

[135] Brief an Oberbaurat Gerber vom 22. 6. 1951; Egon Eiermann: Briefe des Architekten. Deutsche Verlags-Anstalt, Stuttgart, 1994, S. 24

[136] Brief an Direktor Fritz Müller (Merkur) vom 21.6. 1958; Egon Eiermann: Briefe des Architekten. Deutsche Verlags-Anstalt, Stuttgart, 1994, S. 145 f.

[137] Doch »wer weiß etwas von der Tragödie jenes Heidelberger Kaufhauses, das heute überall als sein Werk angesehen wird, dessen Proportionen entgegen seinem Entwurf jedoch durch ein zusätzliches Geschoss entstellt worden sind, ohne dass sich der Architekt durchsetzen oder – wie von ihm erbeten – von dem Vertrag zurücktreten konnte.«
Klaus Lankheit: Erinnerungen an Egon Eiermann. Egon Eiermann 1904 – 1970. Bauten und Projekte. Deutsche Verlags-Anstalt, Stuttgart, 1984, S. 13 f.

[138] Immo Boyken: Die Architektur Eiermanns aus der Zeit nach dem Zweiten Weltkrieg. Egon Eiermann 1904 – 1970. Bauten und Projekte. Deutsche Verlags-Anstalt, Stuttgart, 1984, S. 65

[139] ebd.

[140] ebd., S. 64

[141] Brief an Hermann Winkhaus vom 21. 10. 1954; Egon Eiermann: Briefe des Architekten. Deutsche Verlags-Anstalt, Stuttgart, 1994, S. 53

[142] Immo Boyken: Die Architektur Eiermanns aus der Zeit nach dem Zweiten Weltkrieg. Egon Eiermann 1904 – 1970. Bauten und Projekte. Deutsche Verlags-Anstalt, Stuttgart, 1984, S. 64

[143] Brief an Bildhauer H. vom 17. 4. 1962; Egon Eiermann: Briefe des Architekten. Deutsche Verlags-Anstalt, Stuttgart, 1994, S. 139

[144] Brief an Ministerialdirektor Rossig vom 6. 11. 1958; Egon Eiermann: Briefe des Architekten. Deutsche Verlags-Anstalt, Stuttgart, 1994, S. 148 f.; Es ging um den Auftrag für das Kanzleigebäudes der Deutschen Botschaft in Washington.

[145] Brief von Egon Eiermann an Walther Hoss vom 16.12.1958; SAAI Karlsruhe, Nachlass Egon Eiermann

[146] ebd.

[147] ebd.

[148] Brief von Egon Eiermann an Direktor Müller (Merkur) vom 18.12.1951; SAAI Karlsruhe, Nachlass Egon Eiermann

[149] Brief an Direktor Fritz Müller, Merkur vom 19.3.1952; Egon Eiermann: Briefe des Architekten. Deutsche Verlags-Anstalt, Stuttgart, 1994, S. 25

[150] Brief von Egon Eiermann an die Fachschaft der Technischen Hochschule Stuttgart vom 22.7.1959; Stadtarchiv Stuttgart, Baurechtsamt D 1500/7

[151] siehe Seite 76

[152] Brief an Hans F. vom 10.1.1959; Egon Eiermann: Briefe des Architekten. Deutsche Verlags-Anstalt, Stuttgart, 1994, S. 160

[153] Brief von Egon Eiermann an Direktor Eckelmann (Horten) vom 2.2.1959; SAAI Karlsruhe, Nachlass Egon Eiermann

[154] Aktennotiz von Robert Hilgers über die Besprechung am 4.2.1958 in Düsseldorf mit Helmut Horten und Direktor Eckelmann; SAAI Karlsruhe, Nachlass Egon Eiermann

[155] ebd.

[156] ebd.

[157] Brief von Egon Eiermann an Direktor Eckelmann (Horten) vom 9.1.1959; SAAI Karlsruhe, Nachlass Egon Eiermann

[158] ebd.

[159] Notiz von Egon Eiermann über eine Besprechung mit dem Stadtplanungsamt am 1.8.1958 in Stuttgart; SAAI Karlsruhe, Nachlass Egon Eiermann

[160] ebd.

[161] Brief an Carl Hesse vom 15.1.1962; Egon Eiermann: Briefe des Architekten. Deutsche Verlags-Anstalt, Stuttgart, 1994, S. 134

[162] Brief von Egon Eiermann an Walther Hoss vom 2.6.1959; SAAI Karlsruhe, Nachlass Egon Eiermann

[163] Brief von Egon Eiermann an Direktor Eckelmann (Horten) vom 10.8.1961; SAAI Karlsruhe, Nachlass Egon Eiermann

[164] Brief an Direktor Eckelmann (Horten) vom 31.12.1963; Egon Eiermann: Briefe des Architekten. Deutsche Verlags-Anstalt, Stuttgart, 1994, S. 178 f.

[165] Brief an Brigitte Eiermann vom 11.8.1961; Egon Eiermann: Briefe des Architekten. Deutsche Verlags-Anstalt, Stuttgart, 1994, S. 94

Walther Hoss

[166] Sterra, Bernhard: Das Stuttgarter Stadtzentrum im Aufbau. Architektur und Stadtplanung 1945 bis 1960. Silberburg-Verlag, Tübingen, 1991, S. 98

[167] ebd., S. 99

[168] Bericht über den Aufbau in Stuttgart seit 1945 unter besonderer Berücksichtigung der Planung; Stadtarchiv Stuttgart, Hauptaktei Gruppe 6, AZ 6004

[169] Sterra, Bernhard: Das Stuttgarter Stadtzentrum im Aufbau. Architektur und Stadtplanung 1945 bis 1960. Silberburg-Verlag, Tübingen, 1991; S. 270 f.

[170] »Es erscheint unbegreiflich, dass der Verfasser auch nach dem Ergebnis des Wettbewerbs, an dem er als Preisrichter teilgenommen hat, seinen Entwurf noch aufrecht erhält und in ihm eine bessere Lösung erblickt als in den vom Preisgericht ausgezeichneten Entwürfen.«
Gutachten zum Entwurf Hoss; Stadtarchiv Stuttgart, Hauptaktei 0750-2, 2-8-18

[171] Sterra, Bernhard: Das Stuttgarter Stadtzentrum im Aufbau. Architektur und Stadtplanung 1945 bis 1960. Silberburg-Verlag, Tübingen, 1991; S. 287

[172] ebd., S. 281 »Allerdings fand in der Sitzung der Technischen Abteilung am 14. Mai dann ein neuer Umschwung zugunsten des Hoss-Projektes statt, nachdem die neuen Entwürfe der Architekten von Hoss rundweg negativ beurteilt worden waren und die Abteilung sich diese Meinung zu eigen gemacht hatte.«

[173] ebd., S. 351, Anmerkung 118

[174] Schreiben von Walther Hoss an Arnulf Klett und Bürgermeister Hirn vom 11. Juli 1951; Stadtarchiv Stuttgart, Hauptaktei 0750-2, 1-3

[175] Sterra, Bernhard: Das Stuttgarter Stadtzentrum im Aufbau. Architektur und Stadtplanung 1945 bis 1960. Silberburg-Verlag, Tübingen, 1991; S. 126

[176] siehe Seite 44

[177] Schreiben des ZAS-Zentralamtes Stuttgart vom 4.11.1948; Stadtarchiv Stuttgart, Hauptaktei Gruppe 6, AZ 6004

[178] Besprechungsprotokoll zwischen Sachverständigen über Fragen des Aufbauverfahrens am 29.6.1948; Stadtarchiv Stuttgart, Hauptaktei Gruppe 6, AZ 6200

[179] Schreiben von Walther Hoss vom 27. 6. 1948 zur Vorbereitung eines Aufbauverfahrens für die Stadt Stuttgart; Stadtarchiv Stuttgart, Hauptaktei Gruppe 6, AZ 6200

[180] ebd.

[181] Schadentilgung und Aufbau, die beherrschende Frage von heute, Denkschrift August 1945; Stadtarchiv Stuttgart, Bestand Walther Hoss

[182] Schreiben von Walther Hoss an Karl Gonser vom 8. November 1948; Stadtarchiv Stuttgart, ZAS, O 58

[183] Schreiben von Walter Hoss vom 9. 10. 1946; Stadtarchiv Stuttgart, Hauptaktei Gruppe 6, AZ 6200

[184] Grundbegriffe, S. 4; Stadtarchiv Stuttgart, Bestand Hoss

[185] Niederschrift über die ZAS-Beiratssitzung am 17. 1. 1951; Stadtarchiv Stuttgart, Hauptaktei Gruppe 6, Mappe 372

[186] wie die vom Block Hirsch-, Nadler-, Stein- und Milchstraße, als Nachbarn vom Kaufhaus Schocken beteiligt an den jahrelangen Verhandlungen um Baulandumlegung, Bebauungsplan und Einsprüchen gegen Baugesuche von Merkur

[187] Skizzierung des Gedankenganges des Vortrags von Professor Hoss auf der 3. Städtebautagung des Ministeriums für Wiederaufbau des Landes Nordrhein-Westfalen in Altena am 10. 11. 1948; Stadtarchiv Stuttgart, Hauptaktei Gruppe 6, AZ 6004, Ordner 10

[188] ebd.

[189] Sterra, Bernhard: Das Stuttgarter Stadtzentrum im Aufbau. Architektur und Stadtplanung 1945 bis 1960. Silberburg-Verlag, Tübingen, 1991; S. 114

[190] ebd., S. 101

[191] Bericht des Leiters der ZAS in der öffentlichen Sitzung des Gemeinderats am 22. 9. 1949; Stadtarchiv Stuttgart, Hauptaktei Gruppe 6, AZ 6113-1

[192] »Ihrem Vorschlag, diese Umlegung durch einen Privatgeometer unter Leitung der Umlegungsabteilung der ZAS durchzuführen, kann aus praktischen Erwägungen nicht näher getreten werden. Die Neuordnung ist also ganz als privates Unternehmen durchzuführen.« In diesem Schreiben wurden die Bedingungen für die private Baulandumlegung festgelegt, auch der Status der Stadt und die Frage der Finanzierung. Danach sollte die Stadt wie ein privater Grundstückseigentümer behandelt werden und nach erfolgter Umlegung die Hälfte der anfallenden Kosten durch Vermessung, Verhandlungen und Verträge übernehmen.
Schreiben von Walther Hoss an Prof. Adolf Schuhmacher vom 1. 7. 1954; Stadtarchiv Stuttgart, Hauptaktei Gruppe 6, AZ 6208

[193] Schreiben von Walther Hoss an Arnulf Klett vom 16. 11. 1956; Stadtarchiv Stuttgart, Hauptaktei Gruppe 6, AZ 6208

[194] ebd.

[195] Schreiben von Walther Hoss an Arnulf Klett vom 24. 7. 1948; Stadtarchiv Stuttgart, Hauptaktei Gruppe 6, AZ 6113

[196] Auch im Bezug auf die private Baulandumlegung der Aufbaugemeinschaft sah sich Hoss in der Situation, die verschiedenen Einflüsse darzulegen, die seiner Meinung nach zu Verzögerungen führten.
Schreiben von Walther Hoss an Arnulf Klett vom 9. 3. 1957; Stadtarchiv Stuttgart, Hauptaktei Gruppe 6, AZ 6208

[197] Hoss kritisiert Kletts »Besessenheit bei dieser Aufgabe«, der Baulandumlegung, erwähnte jedoch, dass er bisher offene Kritik vermieden habe. Doch nun sei das Maß voll, die Grenze war erreicht. Klett hatte bei Gesprächen mit der Aufbaugemeinschaft – ohne Hoss – Zugeständnisse und Zusagen gemacht, die nach Hoss' Meinung für die Stadt äußerst ungünstig waren und sie in eine schlechte Verhandlungsposition zurückwarfen.
Schreiben von Walther Hoss an Arnulf Klett vom 25. 2. 1955, Schreiben von Arnulf Klett an Walther Hoss vom 24.2. 1955; Stadtarchiv Stuttgart, Hauptaktei Gruppe 6, AZ 6208

[198] Schreiben von Walther Hoss an Arnulf Klett vom 12. 3. 1952; Stadtarchiv Stuttgart, Hauptaktei Gruppe 6, AZ 6200

[199] Schreiben von Walther Hoss an Arnulf Klett vom 26. 6. 19958; Stadtarchiv Stuttgart, Hauptaktei Gruppe 6, AZ 6208

[200] Schreiben von Walther Hoss an Arnulf Klett vom 16. 11. 1956; Stadtarchiv Stuttgart, Hauptaktei Gruppe 6, AZ 6208

[201] Schreiben von Walther Hoss an Arnulf Klett vom 5. 2. 1960, vertraulich; Stadtarchiv Stuttgart, Hauptaktei Gruppe 6, Mappe 374

[202] Sterra, Bernhard: Das Stuttgarter Stadtzentrum im Aufbau. Architektur und Stadtplanung 1945 bis 1960. Silberburg-Verlag, Tübingen, 1991; S. 280

[203] ebd., S. 281

[204] »In der entscheidenden Sitzung mit den Beteiligten habe halt Prof. Hoss gefehlt. Sonst wäre die Sache ganz anders verlaufen.«
Aktennotiz von Frau Koch (ZAS) vom 6. 10. 1959; Stadtarchiv Stuttgart, Hauptaktei Gruppe 6, AZ 6208

[205] Schreiben von A. Schnell (öffentlich bestellter Vermessungsingenieur) an Arnulf Klett vom 12. 1. 1952; Stadtarchiv Stuttgart, Hauptaktei Gruppe 6, AZ 6208

[206] Skizzierung des Gedankenganges des Vortrags von Professor Hoss auf der 3. Städtebautagung des Ministeriums für Wiederaufbau des Landes Nordrhein-Westfalen in Altena am 10. 11. 1948; Stadtarchiv Stuttgart, Hauptaktei Gruppe 6, AZ 6004, Ordner 10

[207] Schreiben von Walther Hoss an Arnulf Klett und Bürgermeister Hirn vom 11. Juli 1951; Stadtarchiv Stuttgart, Hauptaktei 0750-2,1

[208] Schreiben von Walther Hoss an die Fachschaft Architektur der TH Stuttgart vom 24. Juli 1959; Stadtarchiv Stuttgart, Baurechtsamt D 1500/7

[209] Schreiben von Walther Hoss an Arnulf Klett vom 9. 9. 1959; Stadtarchiv Stuttgart, Baurechtsamt D 1500/6

[210] Anlage 3 zur Niederschrift: Antworten von Walther Hoss vom 30. 7. 1959 zu den Fragen von Stadtrat Schulz und zu dem Dringlichkeitsantrag (Willi Bohn und Eugen Eberle); Stadtarchiv Stuttgart, Baurechtsamt D 1500/7

[211] Baugesuch Merkur, 1. Fertigung vom 15. 5. 1952; Stadtarchiv Stuttgart, Baurechtsamt D 688/1

[212] Antrag auf Baugenehmigung Merkur vom 27. 3. 1957; Stadtarchiv Stuttgart, Baurechtsamt D 688/2

[213] Gutachten des Bauverständigen (Schoch) vom 29. 10. 1959; Stadtarchiv Stuttgart, Baurechtsamt D 1500/7

[214] »Der Schocken-Bau ist von Mendelsohn als architektonisch-plastische Einheit gestaltet worden. Es kann daher nicht um die Erhaltung der Fassaden gehen.«;
Anlage 3 zur Niederschrift: Antworten von Walther Hoss vom 30. 7. 1959 zu den Fragen von Stadtrat Schulz und zu dem Dringlichkeitsantrag (Willi Bohn und Eugen Eberle); Stadtarchiv Stuttgart, Baurechtsamt D 1500/7

[215] ebd.

[216] Schreiben von Walther Hoss an Egon Eiermann vom 29. 1. 1959, SAAI, Karlsruhe, Nachlass Egon Eiermann

[217] Anlage 3 zur Niederschrift: Antworten von Walther Hoss vom 30. 7. 1959 zu den Fragen von Stadtrat Schulz und zu dem Dringlichkeitsantrag (Willi Bohn und Eugen Eberle); Stadtarchiv Stuttgart, Baurechtsamt D 1500/7

[218] Schreiben von Walther Hoss an die Fachschaft Architektur der TH Stuttgart vom 24. 7. 1959; Stadtarchiv Stuttgart, Baurechtsamt D 1500/7

[219] Auszug aus der Niederschrift über die Verhandlungen des Technischen Ausschuss des Gemeinderats vom 22. 6. 1959 (nichtöffentlich); Stadtarchiv Stuttgart, Baurechtsamt D 1500/7

[220] ebd.

Arnulf Klett

[221] Aktennotiz von Arnulf Klett an die ZAS-Leitung vom 26. 3. 1955; Stadtarchiv Stuttgart, Hauptaktei Gruppe 6, Mappe 372

[222] Schreiben von Arnulf Klett an die ZAS vom 5. 7. 1946; Stadtarchiv Stuttgart, Hauptaktei Gruppe 6, AZ 6200

[223] Schreiben von Arnulf Klett an Prof. Paul Bonatz vom 21. 2. 1951; Stadtarchiv Stuttgart, Hauptaktei Gruppe 6, Mappe 372

[224] Schreiben von Arnulf Klett an den Direktor der Volkshochschule; Stadtarchiv Stuttgart, Hauptaktei Gruppe 6, AZ 6004, Ordner 10. Das Honorar für diesen Vortrag betrug 75 sFr.

[225] Schreiben von Arnulf Klett an Herrn Sautter (ZAS) vom 11.11.1948; Stadtarchiv Stuttgart, Hauptaktei Gruppe 6, AZ 6200

[226] Sterra, Bernhard: Das Stuttgarter Stadtzentrum im Aufbau. Architektur und Stadtplanung 1945 bis 1960. Silberburg-Verlag, Tübingen, 1991; S. 205

[227] Arnulf Klett in der Sitzung des Gemeinderats am 26. Februar 1946, Stadtarchiv Stuttgart

[228] Sterra, Bernhard: Das Stuttgarter Stadtzentrum im Aufbau. Architektur und Stadtplanung 1945 bis 1960. Silberburg-Verlag, Tübingen, 1991; S. 95

[229] Sitzung des Gemeinderats am 27. März 1947, S. M1; Stadtarchiv Stuttgart

[230] Sitzung des Gemeinderats am 27. März 1947, S. L3; Stadtarchiv Stuttgart

[231] Sterra, Bernhard: Das Stuttgarter Stadtzentrum im Aufbau. Architektur und Stadtplanung 1945 bis 1960. Silberburg-Verlag, Tübingen, 1991; S. 56

[232] ebd., S. 58 f.

[233] ebd., S. 82 f.

[234] Schreiben von Arnulf Klett an Walther Hoss vom 27. 9.1948, Stadtarchiv Stuttgart, Hauptaktei Gruppe 6, AZ 6111-4

[235] Sterra, Bernhard: Das Stuttgarter Stadtzentrum im Aufbau. Architektur und Stadtplanung 1945 bis 1960. Silberburg-Verlag, Tübingen, 1991; S. 138

[236] Schreiben von Arnulf Klett an Walther Hoss vom 16.12.1957; Stadtarchiv Stuttgart, Hauptaktei Gruppe 6, AZ 6208

[237] Niederschrift über eine Versammlung zwischen der Aufbaugemeinschaft und Vertretern der Stadt am 9.1.1958; Stadtarchiv Stuttgart, Hauptaktei Gruppe 6, AZ 6208

[238] Sterra, Bernhard: Das Stuttgarter Stadtzentrum im Aufbau. Architektur und Stadtplanung 1945 bis 1960. Silberburg-Verlag, Tübingen, 1991; S. 96

[239] ebd., S. 249

[240] ebd., S. 239 f.

[241] ebd., S. 296

[242] Stellungnahme zum Vorentwurf vom 7.1. 1952; Stadtarchiv Stuttgart, Hauptaktei 0750-2,1-2, 21

[243] Besprechungsnotiz vom 26.2.1959; Stadtarchiv Stuttgart, Baurechtsamt D 688/3

[244] Schreiben von A. Schnell (öffentlich bestellter Vermessungsingenieur) an das Bürgermeisteramt vom 12.1.1952; Stadtarchiv Stuttgart, Hauptaktei Gruppe 6, AZ 6208

[245] Schreiben von Arnulf Klett an Walther Hoss vom 5.8.1953; Stadtarchiv Stuttgart, Hauptaktei Gruppe 6, AZ 6208

[246] Schreiben von Arnulf Klett an Walther Hoss und Baudirektor Kraufmann vom 19.2.1957; Stadtarchiv Stuttgart, Hauptaktei Gruppe 6, AZ 6208

[247] ebd.

[248] Schreiben von Arnulf Klett an Walther Hoss und Eugen Roth vom 4.1.1955; Stadtarchiv Stuttgart, Hauptaktei Gruppe 6, AZ 6208; Schreiben von Arnulf Klett an Prof. Adolf Schuhmacher vom 22.12.1954; Stadtarchiv Stuttgart, Hauptaktei Gruppe 6, AZ 6208

[249] Schreiben von Arnulf Klett an Walther Hoss vom 2.2.1956, vom 27.12.1956, vom 30.7.1957, vom 16.1.1958, vom 29.1.1958, vom 18.2.1958, vom 20.3.1958, vom 1.4.1958, vom 23.5.1958, vom 4.11.1958, vom 25.11.1959, vom 29.12.1959; Stadtarchiv Stuttgart, Hauptaktei Gruppe 6, AZ 6208

[250] Schreiben von Arnulf Klett an Walther Hoss vom 24.2.1955; Stadtarchiv Stuttgart, Hauptaktei Gruppe 6, AZ 6208

[251] Schreiben der Aufbaugemeinschaft an Walther Hoss vom 11.1.1958; Stadtarchiv Stuttgart, Hauptaktei Gruppe 6, AZ 6208

[252] Schreiben von Arnulf Klett an Walther Hoss vom 4.7.1957; Stadtarchiv Stuttgart, Hauptaktei Gruppe 6, AZ 6208

[253] Schreiben vom Liegenschaftsamt an das Baurechtsamt vom 3.3.1960; Stadtarchiv Stuttgart, Baurechtsamt D 1500/7

[254] Schreiben von Arnulf Klett an Walther Hoss vom 24.2.1955; Stadtarchiv Stuttgart, Hauptaktei Gruppe 6, AZ 6208

[255] Stellungnahme von Arnulf Klett an das Regierungspräsidium Nordwürttemberg vom 15.9.1959; Regierungspräsidium Stuttgart, Akte Eberhardstraße 28

[256] Schreiben von Arnulf Klett an das Regierungspräsidium Nordwürttemberg vom 21.8.1959; Stadtarchiv Stuttgart, Baurechtsamt D 1500/6

[257] Brief von Louise Mendelsohn an Arnulf Klett vom 9.8.1959; Regierungspräsidium Stuttgart, Akte Eberhardstraße 28

[258] Auszug aus der Niederschrift über die Verhandlungen des Technischen Ausschuss des Gemeinderats vom 22.6.1959 (nichtöffentlich); Stadtarchiv Stuttgart, Baurechtsamt D 1500/7

[259] Württembergische Bauordnung vom 28. Juli 1910 mit Vollzugsverfügung vom 10. Mai 1911, Zuständigkeitsverordnung vom 9. November 1936, Aufbaugesetz vom 18. August 1948 (NW) und den wichtigeren, die Bauordnung ändernden und ergänzenden Bestimmungen nach dem Stande vom Oktober 1955

[260] Schreiben vom Liegenschaftsamt an das Baurechtsamt vom 27.2.1948; Stadtarchiv Stuttgart, Baurechtsamt D 1500/5

[261] Auszug aus der Niederschrift über die Verhandlungen des Technischen Ausschuss des Gemeinderats vom 22.6.1959 (nichtöffentlich); Stadtarchiv Stuttgart, Baurechtsamt D 1500/7

[262] Schreiben von Arnulf Klett an das Regierungspräsidium Nordwürttemberg vom 21. 8. 1959; Stadtarchiv Stuttgart, Baurechtsamt D 1500/6

[263] Stellungnahme von Arnulf Klett an das Regierungspräsidium Nordwürttemberg vom 15. 9. 1959; Regierungspräsidium Stuttgart, Akte Eberhardstraße 28

[264] ebd.

[265] ebd.

[266] Schreiben von Arnulf Klett an das Regierungspräsidium Nordwürttemberg vom 21. 8. 1959; Stadtarchiv Stuttgart, Baurechtsamt D 1500/6

Die Fachschaft

[267] Schreiben der Fachschaft an die Stadt Stuttgart vom 19. 7. 1959; Stadtarchiv Stuttgart, Baurechtsamt D 1500/7

[268] ebd.

[269] ebd.

[270] Stellungnahme der Fachschaft Architektur der Technischen Hochschule Stuttgart zur Frage des Abbruches des Kaufhauses Schocken vom 25. 7. 1959; Regierungspräsidium Stuttgart, Akte Eberhardstraße 28

[271] ebd.

[272] ebd.

[273] ebd.

[274] ebd.

[275] L'Architecture d'aujourd'hui, Juni/Juli 1959, Seite V; Stadtarchiv Stuttgart, Baurechtsamt D 1500/7

[276] Schreiben der Fachschaft Architektur der TH Stuttgart an Helmut Horten vom 28. 7. 1959; Regierungspräsidium Stuttgart, Akte Eberhardstraße 28

[277] Antwort der Fachschaft Architektur der TH Stuttgart auf die Stellungnahme der Unternehmensleitung Horten vom 28. 8. 1959; Regierungspräsidium Stuttgart, Akte Eberhardstraße 28

[278] ebd.

[279] Stimmen zum geplanten Abbruch des Mendelsohn-Baus; Regierungspräsidium Stuttgart, Akte Eberhardstraße 28

[280] Antwort der Fachschaft Architektur der TH Stuttgart auf die Stellungnahme der Unternehmensleitung Horten vom 28. 8. 1959; Regierungspräsidium Stuttgart, Akte Eberhardstraße 28

[281] ebd.

[282] ebd.

[283] ebd.

[284] ebd.

[285] ebd.

[286] Antwort der Fachschaft Architektur auf die Stellungnahme der Firma Horten (vom 19. 8. 1959, laut handschriftlichem Vermerk); Regierungspräsidium Stuttgart, Akte Eberhardstraße 28

[287] ebd.

[288] Dieses Schreiben ist nicht datiert, sodass nicht einzuordnen ist, ob es vor oder nach der ausführlichen Stellungnahme gegenüber Horten erstellt wurde.

[289] Stellungnahme gegen den geplanten Abbruch des Merkur, von der Fachschaft der TH Stuttgart den Gemeinderatsmitgliedern übergeben; Regierungspräsidium Stuttgart, Akte Eberhardstraße 28

[290] ebd.

[291] ebd.

Die Aufbaugemeinschaft

[292] Übersicht über die Entwicklung der Planung und Umlegung anhand der Akten vom 19. 3. 1955; Stadtarchiv Stuttgart, Hauptaktei Gruppe 6, AZ 6208

[293] siehe Kapitel Walther Hoss (S. 101)

[294] Vermerk über eine Besprechung am 15. 12. 1954 handschriftlich von Laub; Stadtarchiv Stuttgart, Baurechtsamt D 688/1

[295] Zitat aus einem Schreiben von Merkur an Klett vom 12. 11. 1957 in einem Schreiben von Arnulf Klett an Walther Hoss vom 19. 11. 1957; Stadtarchiv Stuttgart, Hauptaktei Gruppe 6, AZ 6208

[296] Schreiben vom Baurechtsamt an die ZAS vom 23. 7. 1955; Stadtarchiv Stuttgart, Baurechtsamt D 688/1

[297] Aktenvermerk über eine Ämterbesprechung am 10. 2. 1959; Stadtarchiv Stuttgart, Baurechtsamt D 688/1

[298] Vermerk der Aufbaugemeinschaft vom 10. 1. 1958; Stadtarchiv Stuttgart, Hauptaktei Gruppe 6, AZ 6208

[299] Übersicht über die Entwicklung der Planung und Umlegung anhand der Akten vom 19. 3. 1955; Stadtarchiv Stuttgart, Hauptaktei Gruppe 6, AZ 6208

[300] ebd.

[301] Vermerk der Aufbaugemeinschaft Mitte vom 30. 4. 1957, geschrieben von Prof. Adolf Schuhmacher; Stadtarchiv Stuttgart, Hauptaktei Gruppe 6, AZ 6208

[302] Übersicht über die Entwicklung der Planung und Umlegung anhand der Akten vom 19. 3. 1955; Stadtarchiv Stuttgart, Hauptaktei Gruppe 6, AZ 6208

[303] Schreiben von Prof. Adolf Schuhmacher an Arnulf Klett vom 30. 12. 1954 und Schreiben von Walter Geiger an Arnulf Klett vom 12. 12. 1955; Stadtarchiv Stuttgart, Hauptaktei Gruppe 6, AZ 6208

[304] Übersicht über die Entwicklung der Planung und Umlegung anhand der Akten vom 19. 3. 1955; Stadtarchiv Stuttgart, Hauptaktei Gruppe 6, AZ 6208

[305] ebd.

[306] Übersicht über die Entwicklung der Planung und Umlegung anhand der Akten vom 19. 3. 1955 und Schreiben von Walther Hoss an Prof. Adolf Schuhmacher vom 1.7. 1954; Stadtarchiv Stuttgart, Hauptaktei Gruppe 6, AZ 6208

[307] Übersicht über die Entwicklung der Planung und Umlegung anhand der Akten vom 19. 3. 1955; Stadtarchiv Stuttgart, Hauptaktei Gruppe 6, AZ 6208

[308] Schreiben der Aufbaugemeinschaft an Architekt Geiger vom 4. 5. 1957; Stadtarchiv Stuttgart, Hauptaktei Gruppe 6, AZ 6208

[309] Schreiben der Aufbaugemeinschaft an Arnulf Klett vom 12. 5. 1955; Stadtarchiv Stuttgart, Hauptaktei Gruppe 6, AZ 6208

[310] Stuttgarter Nachrichten vom 7. 3. 1952, Schreiben der Aufbaugemeinschaft an Arnulf Klett vom 13. 2. 1957; Stadtarchiv Stuttgart, Hauptaktei Gruppe 6, AZ 6113

[311] Schreiben der Aufbaugemeinschaft an Architekt Geiger vom 4. 5. 1957; Stadtarchiv Stuttgart, Hauptaktei Gruppe 6, AZ 6208

[312] ebd.

[313] Schreiben der Aufbaugemeinschaft an Arnulf Klett vom 13. 2. 1957; Stadtarchiv Stuttgart, Hauptaktei Gruppe 6, AZ 6208

[314] ebd.

[315] Aktennotiz über eine Besprechung zwischen der Aufbaugemeinschaft und der ZAS vom 13. 7. 1957, geschrieben von Vermessungsrat Frech; Stadtarchiv Stuttgart, Hauptaktei Gruppe 6, AZ 6208

[316] Schreiben der Aufbaugemeinschaft an Arnulf Klett vom 13. 2. 1957; Stadtarchiv Stuttgart, Hauptaktei Gruppe 6, AZ 6208

[317] ebd.

[318] Schreiben der Aufbaugemeinschaft an Arnulf Klett vom 12.12.1956; Stadtarchiv Stuttgart, Hauptaktei Gruppe 6, AZ 6208

[319] Vermerk von Professor Schuhmacher zu einer Besprechung am 17.1.1956; Stadtarchiv Stuttgart, Hauptaktei Gruppe 6, AZ 6208

[320] siehe Seite 46

[321] Schreiben der Aufbaugemeinschaft an Arnulf Klett vom 14.1.1958; Stadtarchiv Stuttgart, Hauptaktei Gruppe 6, AZ 6208

[322] Schreiben der Aufbaugemeinschaft an Arnulf Klett vom 13. 2. 1957; Stadtarchiv Stuttgart, Hauptaktei Gruppe 6, AZ 6208

[323] Schreiben der Aufbaugemeinschaft an Obervermessungsrat Roth vom 8.2.1956; Stadtarchiv Stuttgart, Hauptaktei Gruppe 6, AZ 6208

[324] Schreiben von Walter Geiger an Arnulf Klett vom 12.12.1956; Stadtarchiv Stuttgart, Hauptaktei Gruppe 6, AZ 6208

[325] Schreiben der Aufbaugemeinschaft an Arnulf Klett vom 14.1.1958; Stadtarchiv Stuttgart, Hauptaktei Gruppe 6, AZ 6208

[326] Schreiben von Walther Hoss an Arnulf Klett vom 9. 3. 1957; Stadtarchiv Stuttgart, Hauptaktei Gruppe 6, AZ 6208

[327] ebd.

[328] Aktennotiz über eine Besprechung zwischen der Aufbaugemeinschaft und der ZAS vom 13. 7. 1957, geschrieben von Vermessungsrat Frech; Stadtarchiv Stuttgart, Hauptaktei Gruppe 6, AZ 6208

[329] Zitat aus einem Schreiben der Aufbaugemeinschaft in einem Schreiben von Arnulf Klett an Walther Hoss und Baudirektor Kraufmann vom 19. 2. 1957; Stadtarchiv Stuttgart, Hauptaktei Gruppe 6, AZ 6208

[330] Schreiben von Walther Hoss an Arnulf Klett vom 29. 7. 1958; Stadtarchiv Stuttgart, Hauptaktei Gruppe 6, AZ 6208

[331] Aktennotiz über eine Besprechung zwischen der Aufbaugemeinschaft und der ZAS vom 13. 7. 1957, geschrieben von Vermessungsrat Frech; Stadtarchiv Stuttgart, Hauptaktei Gruppe 6, AZ 6208

[332] Schreiben von Walther Hoss an Bürgermeister Hirn vom 10. 3. 1953; Stadtarchiv Stuttgart, Hauptaktei Gruppe 6, AZ 6200

[333] Bericht aus »Der Städtetag« Mai 1954, Baurat Dr.-Ing. Oskar Heckmann: Aufbau der Städte; Stadtarchiv Stuttgart, Hauptaktei Gruppe 6, AZ 6200

[334] Die Anfrage war bereits am 8. April im Baurechtsamt eingegangen, noch bevor mit den Abbrucharbeiten am Schocken begonnen worden war. Die Antwort wurde vier Monate später gegeben. Schreiben von Dr. Mielke an das Hochbauamt vom 8.4.1960; Stadtarchiv Stuttgart, Baurechtsamt D 1500/7

[335] Brief von Baurat Schoch an die TU Berlin, Lehrgebiet Denkmalpflege vom 17. 8. 1960; Stadtarchiv Stuttgart, Baurechtsamt D 1500/7

[336] ebd.

[337] Schreiben von Baurat Laub an Frau Koch vom 25. 8. 1959, Stadtarchiv Stuttgart, Baurechtsamt D 1500/7

[338] Auszug aus der Niederschrift über die Verhandlung der Vollversammlung des Gemeinderats vom 30. 7. 1959 (öffentlich); Stadtarchiv Stuttgart, Baurechtsamt D 1500/7

[339] Niederschrift über die Verhandlungen des Technischen Ausschuss des Gemeinderats vom 22. 6. 1959 (nichtöffentlich); Stadtarchiv Stuttgart, Baurechtsamt 1500/7

[340] »Unter Bezugnahme auf unsere Unterredung vom 11. 8. 1947 möchte ich Sie nochmals darauf aufmerksam machen, dass nach einer Notiz, die ich noch vorgefunden habe, die TH-Professoren, die die Verkehrsgerippe-untersuchungen gemacht haben, tatsächlich auf eine Entschädigung ihrer Arbeit in Wein einen gewissen Wert legen würden, und zwar entsprechend ihrer sehr verschiedenartigen arbeitsmäßigen Beteiligung an den Hochschuluntersuchungen. Vielleicht können Sie Herrn Haller darauf hinweisen, und dafür Sorge tragen, dass der Wunsch der Professoren wenigstens teilweise in Erfüllung geht.«
Schreiben von Arnulf Klett an Walther Hoss vom 12. 8. 1947; Stadtarchiv Stuttgart, Hauptaktei Gruppe 6, AZ 6113-1

[341] Niederschrift über die Arbeitsbesprechung der Mitglieder der Kommunalen Arbeitsgemeinschaft für den Stuttgarter Raum am 4. 10. 1957; Stadtarchiv Stuttgart, Hauptaktei Gruppe 6, Mappe 373

[342] Schreiben von Frau Koch (ZAS) an Stadtdirektor Gauss vom 21. 9. 1959 (vertraulich); Stadtarchiv Stuttgart, Hauptaktei Gruppe 6, Mappe 374

[343] Niederschrift über die gemeinschaftliche Sitzung der Verwaltungs- und Technischen Abteilung des Gemeinderats vom 27. Juni 1950; Stadtarchiv Stuttgart, Hauptaktei Gruppe 6, AZ 6113-1

[344] ebd.

[345] ebd.

[346] Dietrich, Susanne: Zwischen Selbstorganisation und Stigmatisierung. Die Lebenswirklichkeit jüdischer Displaced Persons und die neue Gestalt des Antisemitismus in der deutschen Nachkriegsgesellschaft. Klett-Cotta, Stuttgart, 1998, S. 106

[347] ebd., S. 13

[348] ebd., S. 106

[349] ebd.

[350] Claude Lichtenstein: Architekturwahrnehmung und Architekturproduktion; db – deutsche bauzeitung, Heft 11/2000, S. 80

Schlussbemerkung

[351] Stellungnahme der Helmut Horten GmbH zum Antrag der Fachschaft Architektur der TH Stuttgart, das Kaufhaus in das Landesverzeichnis der Baudenkmale einzutragen vom 3. September 1959; Stadtarchiv Stuttgart, Baurechtsamt D 1500/6

[352] Stuttgarter Zeitung vom 23. August 1961, S. 17

Die Presse

[353] Heinz W. Krewinkel, Stuttgarter Nachrichten, 24. Juli 1959

[354] Egon Eiermann, Stuttgarter Zeitung, 25. Juli 1959

[355] Professor Siegel, Stuttgarter Nachrichten, 28. Juli 1959

[356] Heinz W. Krewinkel, Stuttgarter Nachrichten, 28. Juli 1959

[357] Egon Eiermann, Stuttgarter Nachrichten, 28. Juli 1959

[358] Pl, Stuttgarter Nachrichten, 28. Juli 1959

[359] Hans Gerber, Stuttgarter Zeitung, 12. August 1959

[360] Fachschaft der TH Stuttgart, Stuttgarter Zeitung, 13. August 1959

[361] Professor Büchner, Stuttgarter Nachrichten, 12. August 1959

[362] Neues aus Stuttgart, 15. August 1959

[363] Raimund Probst, Bauwelt, 39/1959, S. 1145

[364] Richard Biedrzynski, Stuttgarter Zeitung, 29. Juli 1961

[365] ebd.

[366] Hans Gerber, Stuttgarter Zeitung, 4. August 1961

[367] ebd.

[368] Gerhard Schwab, Stuttgarter Zeitung, 9. August 1961

[369] Professor Hans Köpf, Stuttgarter Zeitung, 17. August 1961

[370] ebd.

[371] Stuttgarter Nachrichten, 23. August 1961

[372] Stuttgarter Zeitung, 24. August 1961

Helmut Horten

- geboren am 8. Januar 1909 in Bonn
- kaufmännische Lehre im Warenhaus Leonhard Tietz in Düsseldorf
- am 5. Mai 1936 übernimmt er das jüdische Textilhaus der Gebrüder Alsberg in Duisburg
- 1968 wurde sein Unternehmen in eine Aktiengesellschaft umgewandelt
- 1968 Umzug nach Croglio im Kanton Tessin
- 1969/70 verkaufte er seine Aktienmehrheit
- 1971 verkaufte er die restlichen Anteile
- 1971 Gründung der »Stiftung Villalta«
- 1972 Gründung der zweiten Stiftung in Kärnten
- Umbenennung der Stiftung in »Helmut Horten Stiftung«
- gestorben am 30. November 1987 in Villalta

Merkur – Horten

– 24. März 1938 Verkauf der Schocken AG, erzwungen im Rahmen der Arisierung; bleibt aber ohne Auswirkung auf die Konzernstruktur
– 1939 Umbenennung in »Merkur Aktiengesellschaft«
– Schäden durch den Krieg werden für das Stuttgarter Haus auf 1.937.000 RM beziffert
– 1945 wurde die Merkur Aktiengesellschaft als Kriegs- und Naziverbrecher deklariert, das hieß Enteignungspriorität im Osten
– im Westen fiel die Gesellschaft unter Treuhandschaft
– am 6. Dezember 1948 stellte Salman Schocken den Antrag auf Rückerstattung
– die Rückerstattung war schwierig, da 89 Prozent der Aktien auf private Anleger gestreut waren
– am 9. September 1949 erhält Salman Schocken 51 Prozent vom Grundkapital der Merkur AG
– ab Sommer 1952 Verhandlungen mit Helmut Horten über den Verkauf
– im April 1953 werden die 51 Prozent der Anteile an Helmut Horten verkauft

Egon Eiermann

– geboren am 29. September 1904 in Neuendorf bei Berlin
– 1923 – 1927 Studium an der TH Berlin-Charlottenburg
– 1925 – 1928 Meisterschüler bei Hans Poelzig
– 1928 – 1929 Architekt im Baubüro der Karstadt AG in Hamburg
– 1931 – 1945 selbstständiger Architekt in Berlin
– ab 1946 Bürogemeinschaft mit Robert Hilgers, ab 1948 in Karlsruhe
– 1947 Berufung auf einen Lehrstuhl für Architektur an der Fakultät für Bauwesen der Technischen Hochschule Karlsruhe
– 1965 Ehrendoktor der Technischen Universität Berlin
– 1968 Großer Preis des Bundes Deutscher Architekten, Großes Bundesverdienstkreuz
– gestorben am 19. Juli 1970 in Baden-Baden

Walther Hoss

- geboren am 20. Februar 1900 in Stuttgart als Sohn eines Architekten
- Studium der Architektur an der TH Stuttgart und bei Theodor Fischer in München
- ab 1924 freier Architekt
- 1928 – 1941 Lehrauftrag an der Stuttgarter Staatsbauschule
- seit 1930 Professor
- 1941 dienstverpflichteter Leiter des Aufbaus Lothringen
- 1945 durch Militärregierung Bürgermeister in Weil im Schönbuch
- Landrat in Böblingen
- 1946 Stellvertretender Leiter der ZAS
- ab 1. April 1947 Leiter der ZAS, Generalbaudirektor
- 15. März 1951 Technischer Beigeordneter
- 1959 Paul-Bonatz-Preis für die Schulstraße
- 1962 Paul-Bonatz-Preis für den Oberen Schlossgarten
- 1965 Ruhestand
- 1969 großes Verdienstkreuz
- gestorben am 18. Juli 1993

Arnulf Klett

- geboren 1905
- 1928 Promotion als Dr. jur. in Tübingen
- ab 1933 Verteidiger in politischen Prozessen
- am 23. April 1945 von der Militärregierung als Oberbürgermeister von Stuttgart eingesetzt
- 1963 – 1965 Präsident des Deutschen Städtetages
- gestorben 1974

Abbildungsverzeichnis

Quellenangaben

Stadtarchiv Stuttgart

Hauptaktei Gruppe 6, Mappe 372: Verkehrsplanung Stuttgart

Hauptaktei Gruppe 6, Mappe 373: Verkehrsplanungen im Allgemeinen

Hauptaktei Gruppe 6, Mappe 374: Verkehrsplanung

Hauptaktei Gruppe 6, Aktenzeichen 6200: 1945 – 1958, Aufbau der Stadt seit 1945

Hauptaktei Gruppe 6, Aktenzeichen 6004, Ordner 10

Hauptaktei Gruppe 6, Aktenzeichen 6100-0: Deutscher Städtetag

Hauptaktei Gruppe 6, Aktenzeichen 6208: Aufbaugemeinschaften 1947 – 1962; Aufbaugemeinschaft Hirsch-, Nadler-, Stein- und Milchstraße 1954 – 1962; Allgemeines 1947 – 1955

Hauptaktei Gruppe 6, Aktenzeichen 6113-1: Generalbebauungsplan, Zeitstufenplan 1947 – 1962

Baurechtsamt, D 688/1: Eberhardstraße 28, Erweiterungsbau 1951 – 1955

Baurechtsamt, D 688/2: Eberhardstraße 28, 1957 – 1959

Baurechtsamt, D 688/3: Eberhardstraße 28, 1959 (Mai)

Baurechtsamt, D 1500/5: Eberhardstraße 28

Baurechtsamt, D 1500/6: Eberhardstraße 28, 1951 – 1959, Fass. 17 – 20

Baurechtsamt, D 1500/7: Eberhardstraße 28

Südwestdeutsches Archiv für Architektur und Ingenieurbau (SAAI), Universität Karlsruhe

Akten Bauvorhaben Merkur, Schriftverkehr, Nachlass Egon Eiermann

Regierungspräsidium Stuttgart

Akte Bauvorhaben Merkur 1950 – 1960

db – deutsche bauzeitung

Heft 11/2000

Internetquellen

Hildebrand, Sonja: Egon Eiermann: Die Berliner Zeit. Das architektonische Gesamtwerk bis 1945. (www.uni-bamberg.de/~ba5gk3/Leute/hildebr1.htm)

Leydecker, Karin: Funktionale Ästhetik. Der Architekt Egon Eiermann als Designer. (www.db.nextroom.at/tx/3549.html) – NZZ online

Wuliger, Michael: Volksgenossen auf Schnäppchenjagd. Eine Ausstellung in Düsseldorf über die ganz gewöhnlichen Profiteure der Shoah. (www.infolinks.de/an/1999/01/009.htm) – Antifaschistische Nachrichten

Nassmacher, Karl-Heinz: Parteienfinanzierung in Deutschland. (www.bpb.de/online/nassmach1.htm)

Tradition und Geschichte. (www.kaufhof.de)

Christmann, Dagmar und Rautenberg, Thomas: Das Manuskript für den Film: Ein braunes Band der Sympathie. (www.hintergrund.com/mrep/m019803.htm)

Helmut Horten Stiftung (www.helmut-horten-stiftung.org)

www.route-industriekultur.de/geschi/abschn/ns8.htm

www.shoah.de

www.baunet.de/baurecht/htm/baugeb/index.html

Literatur

Brunold, Andreas: Verkehrsplanung und Stadtentwicklung. Die städtebauliche Entwicklung des Stuttgarter Bahnhofsgeländes – eine Fallstudie. Silberburg-Verlag, Tübingen, 1992

Dietrich, Susanne/Schulze Wessel, Julia: Zwischen Selbstorganisation und Stigmatisierung. Die Lebenswirklichkeit jüdischer Displaced Persons und die neue Gestalt des Antisemitismus in der deutschen Nachkriegsgesellschaft. Klett-Cotta, Stuttgart, 1998

Fuchs, Konrad: Ein Konzern aus Sachsen. Das Kaufhaus Schocken als Spiegelbild deutscher Wirtschaft und Politik 1901 bis 1953. Deutsche Verlags-Anstalt, Stuttgart, 1990

Herrmann, Grit: Das Kronprinzenpalais am Stuttgarter Schlossplatz. aus: Schwäbische Heimat 2000/1, S. 47 ff.

Holoch, Helmut: Stuttgart im Wandel der letzten 80 Jahre. J. F. Steinkopf Verlag, Stuttgart, 1987

Institut für Baugeschichte der Universität Karlsruhe (Hrsg.): Egon Eiermann: Briefe des Architekten. Deutsche Verlags-Anstalt, Stuttgart, 1994

Kilian, Hannes; Blickensdörfer, Hans: Die fünfziger Jahre. Ein Stuttgarter Jahrzehnt in Bildern. G. Braun Buchverlag, Karlsruhe, 1994

Killian, Hannes; Willmann, Günther: Kindheit in Stuttgart in den 50er Jahren. Wartberg Verlag, 1997

Klemmer, Klemens: Jüdische Baumeister in Deutschland. Architektur vor der Shoah. Deutsche Verlags-Anstalt, Stuttgart, 1998

Leipner, Kurt: Chronik der Stadt Stuttgart 1949 – 1953. Ernst Klett Verlag, Stuttgart, 1977

Müller, Roland: Stuttgart zur Zeit des Nationalsozialismus. Konrad Theiss Verlag, Stuttgart, 1988

Palmer, Renate: Der Stuttgarter Schocken-Bau von Erich Mendelsohn. Die Geschichte eines Kaufhauses und seiner Architektur. Silberburg-Verlag, Tübingen, 1995

Raff, Gerhard: Chronik der Stadt Stuttgart 1954 – 1960. Ernst Klett Verlag, Stuttgart, 1978

Richter, Tilo: Erich Mendelsohns Kaufhaus Schocken in Chemnitz. Passage-Verlag, Leipzig, 1998

Sauer, Paul: Arnulf Klett. Ein Leben für Stuttgart. Bleicher Verlag, Gerlingen, 2001

Schirmer, Wulf (Hrsg.): Egon Eiermann 1904 – 1970. Bauten und Projekte. Deutsche Verlags-Anstalt, Stuttgart, 1984

Stephan, Regina: Erich Mendelsohn. Architekt 1887 – 1953. Gebaute Welten. Arbeiten für Europa, Palästina und Amerika. Verlag Gerd Hatje, Ostfildern-Ruit, 1998

Stephan, Regina: Studien zu Waren- und Geschäftshäusern Erich Mendelsohns in Deutschland. tuduv, München, 1992

Sterra, Bernhard: Das Stuttgarter Stadtzentrum im Aufbau. Architektur und Stadtplanung 1945 bis 1960. Silberburg-Verlag, Tübingen, 1991

Vietzen, Hermann: Chronik der Stadt Stuttgart 1945 – 1948. Ernst Klett Verlag, Stuttgart, 1972

Zelzer, Maria: Weg und Schicksal der Stuttgarter Juden. Ernst Klett Verlag, Stuttgart, 1964